MEXICANOS
EN EL NOROESTE
NORTEAMERICANO

Seattle, Washington

MANUEL ABRAHAM RESENDIZ ARROYO

MORELIA, MICHOACAN, MEXICO

Mexicanos en el noroeste norteamericano:
Seattle, Washington

© 2011 Manuel Resendiz

1ERA. EDICIÓN
Diseño: David Small
www.davidsmallpdx.com

Impreso en los estados unidos 2011.

INDICE

AGRADECIMIENTOS

Este libro no puede iniciar sin mencionar a personas involucradas en mi vida. En primer lugar a mis padres, Irma Arroyo Gómez y Cuauhtémoc Reséndiz Macedo; a mis hermanas, Patricia y María; a mis abuelas María (q. e. p.d.) y Austreberta; y claro a mis abuelos que no conocí. A mis familiares que se encuentran en la Unión Americana desde los años sesentas, como son Manuel, Alberto, Gaby, Paty, Abraham, Rosendo, Mary (q. e. p. d.) Manolo, Dais; a mi ahijada Alexandra, Laura, Martín, Beto Solís, Ramiro, Bertoldo, Aldo, Juan, Noel, Evelia…. Perdón por no mencionar a todos, que son tantos.

A todas las personas que conocí en Seattle y estuvieron muy relacionadas conmigo en mi estancia en esa área del noroeste norteamericano; Katrhyn, Michelle y William Sperling; Eathen, Cindy, Ángela, Jaime, Miguel y familia; Marcel y familia; Ciro y familia; Saúl, Miguel, Jim, Paco, y una infinidad de personas tanto latinas como norteamericanas.

En Iowa, especialmente a la Profesora Sally Farrington-Clute y a su familia, a quienes siempre les agradeceré su apoyo en esta empresa. Gracias a ella, la impresión de este libro fue bajo fondos de la fundación ¨Helen Godfry B. Farrington¨ de la que ella es responsable. A Mario García por la revisión de la obra y sus ideas que me ayudaron para estuviera listo este libro.

Y claro, a todos los mexicanos que colaboraron en este trabajo a todo ellos gracias. Sin ellos éste nunca hubiera sido posible.

INTRODUCCION

Una de las bases de este trabajo es la historia oral. Pero, ¿para qué nos sirve la historia oral? Pues para dar voz a los propios trabajadores para que sean ellos mismos los que nos cuenten su historia o su versión de ésta. La historia oral nos permite establecer una relación diferente con los protagonistas de la historia, relación en la que no van a ser solamente los individuos excepcionales, sino también los considerados comunes u ordinarios, los creadores de la historia.[1]

Por otra parte con esto testimonios se trata de rescatar lo cotidiano de sus experiencias, un aspecto que teniendo una relevancia histórico-social, siempre se le ha querido reducir a la esfera de lo privado. El hombre participa en la vida cotidiana con todos los aspectos de su individualidad, pone en obra todos sus sentidos, todas sus capacidades intelectuales y habilidades manipulativas, sus sentimientos, pasiones e ideas. De esta manera es evidente que no pueden pasar solamente como experiencias personales, su vida cotidiana en la fábrica o en el campo y la explotación de que es objeto a través de largas jornadas de trabajo.[2]

Entonces la historia oral sirve como una vía metodológica para acceder al conocimiento de nuestra historia ya que puede aportar nuevas perspectivas para crear una historia confiable. Pero además, los testimonios orales con su manera narrativa, interactiva y con el estilo fresco que le imprimen las frases cotidianas, permite regresar el lugar en la historia; al individuo como actor social en la reconstrucción del conocimiento histórico.[3]

1   Ramos Arizpe, Guillermo. *"Testimonios de trabajadores michoacanos en Estados Unidos en los años veintes. 1920-1930."* Centro de Estudios de la Revolución Mexicana, "Lázaro Cárdenas" A.c. Jiquilpan, Michoacán. Junio, 1983. p. 35.

2   Ibíd. p. 38.

3   Navarro Ochoa, Angélica. *"El impacto de los emigrados retornados en Santiago, Tangamandapio, Michoacán. 1920-1990."* UMSNH. Tesis de Licenciatura en Historia. Morelia, Mich. 2000. P. 180.

Con ello, las ventajas de la utilización de la entrevista como fuente de información, permite recuperar la riqueza de las experiencias de los informantes, posibilitando la descripción de aspectos y lugares donde trabajaron que no se hallan, por lo general, registrados. Además ofrece al investigador la oportunidad de un mayor contacto con la realidad de los migrantes, permitiéndole mejores oportunidades en la reflexión sobre su objeto de estudio.[4]

Las entrevistas se realizaron a mexicanos de diferentes partes del país, que residen en Seattle, al igual de diferentes edades y estratos sociales. Se trató de mantener la trascripción original.

Las historias de vida de los migrantes es sobre lo que nos interesa saber, como son: sus vidas en los Estados Unidos y en Seattle, experiencias laborales, orígenes migratorios, si han buscado ayuda de alguna organización o del consulado mexicano, las redes sociales que tienen en este país, motivos porque se encuentran aquí, su tiempo libre y los productos que necesitan de México. Se eligieron 22 historias de vida de los migrantes mexicanos en Seattle, para así reconstruir lo vivido por ellos mismos en esta zona de los Estados Unidos y con ello, entender y aportar nuevos conocimientos en el fenómeno migratorio.

Al mismo tiempo se entrevistaron a personas que apoyan a migrantes, es decir, organizaciones pro migrantes en distintas formas. Es decir, abordamos como se entiende lo referente a las diferentes formas de redes sociales, tales como de parentesco, de amistad y de paisanaje, se analizó el desarrollo de las mismas, también veremos como cuando no se cuenta con el acceso a las redes, existen centros de apoyo al migrante que le brindan ayuda al momento de llegar a un lugar donde no se conoce a nadie. Y cuando el migrante ya se inserta al mercado de trabajo de la ciudad de estudio, sus prioridades cambian, por ejemplo, se empieza a recurrir al consulado mexicano para tramitar documentos que se requieren. Uno de los documentos con mayor demanda es la matrícula consular. Esta sirve para tramitar una identificación del estado de Washington. Se usa para abrir una cuenta en el banco o como identificación si en algún caso es detenido por la policía, esto es por citar algunos ejemplos que le pueden suceder al migrante.

---

4   Fonseca, Omar Moreno, Lilia. *"Jaripo. Pueblo de migrantes."* C.E.R.M. "Lázaro Cárdenas" A.C. Jiquilpan, Michoacán. 1984. P. 15.

Y por el gran movimiento migratorio de mexicanos que se está dando en los últimos 14 años a esta ciudad, específicamente en Seattle donde se realizó el estudio de estos negocios. Muchos migrantes se han arriesgado a iniciar negocios. Se encontró y entrevistó a empresarios mexicanos y en particular michoacanos que han abierto negocios, en este caso restaurantes y tiendas con una diversidad de productos mexicanos. La demanda de estos productos cada día aumenta.

También se inicia con una breve historia de la migración mexicana a los Estados Unidos de America, recorremos en el tiempo donde se verán los orígenes migratorios de los mexicanos hacia Estados Unidos desde el siglo XIX, pasando por el siglo XX, con una mención de los rasgos importantes del Programa Bracero que culminan en 1964, para continuar con el periodo de auge de los indocumentados que concluye en 1986, con ello hay cambios favorables pero también con problemas que siguen repercutiendo hasta el momento, es decir, con una migración que cobra vigencia hasta nuestros días.

Y por ultimo se muestra una serie de fotografías tomadas por el autor, en distintos lugares, en sus trabajos o en las calles, para que el lector tenga una idea muy general, como es la vida de los migrantes mexicanos en el noroeste norteamericano.

El Invisible.

Desde Sonoma a San Quintín
Desde Portland A Yakima
En los campos he trabajado
Todas las fábricas las he recorrido.
Soy el invisible, El sin papeles, sin identidad, aquí en el otro lado.
Desde las construcciones en Chicago, desde los frutales de Florida
y en los restaurantes, de todo le hago.
Desde San Isidro a Los Ángeles de la migra me he burlado Los
desiertos de Arizona Los conozco como la mi palma de mi mano.
Soy el invisible El Sin papeles Sin identidad Aquí en el otro lado.
Desde los campos de algodón en Texas Desde los maizales en Iowa
Siempre en estoy en movimiento La próxima parada solo dios lo sabe.
Desde los suburbios de Boston Desde los casinos de las Vegas
He sufrido frío y calor Maltrato que sé yo.

Autor: Manuel Reséndiz. Mount Vernon, Iowa, USA. 2005.

CAPÍTULO 1

BREVE HISTORIA DE LA MIGRACION MEXICANA A LOS ESTADOS UNIDOS DE AMERICA

MIGRANTES MEXICANOS (SIGLO XIX)

EL DESGARRE TERRITORIAL SUFRIDO POR NUESTRO PAÍS A RAÍZ DE la derrota de la Guerra de 1847, facilitó a los Estados Unidos inmensos territorios con riquezas naturales casi inexploradas. A partir de entonces se inició en esos espacios un vigoroso proceso de colonización y pacificación –por medio del exterminio de la población indígena- que en unas cuantas décadas creo un polo de desarrollo en el suroeste estadounidense, predominante en la costa californiana. La fiebre del oro en California -1848- el oro de Colorado- 1858- y la plata de Nevada-1849- aumentaron dramáticamente la demanda de productos manufacturados y agrícolas, que solo era posible adquirir del desarrollado Este del que separaban enormes extensiones de llanura y desiertos. La demanda creciente impulso la oferta, catapultando un progreso económico nunca antes visto en esos territorios. Dicho progreso espectacular tuvo el empuje definitivo a través de la instalación, a partir de 1866, de la vía de comunicación más eficiente en esos tiempos: el ferrocarril. Grandes fortunas fueron amasadas gracias al tendido de vías férreas y el consecuente movimiento de crecientes volúmenes de población productos entre ambas costas.[1]

Por otro lado; en México la oferta de la fuerza de trabajo, era creciente en correspondencia a una demanda no muy lejos de ser satisfecha. Así la migración México-Estados Unidos fue en aumento. Lo anterior sucedió principalmente, por un cambio en la estructura que sufrió

---

1   Rionda, *Y jalaron pa'l norte....op. cit. pp. 79-80.*

nuestro país durante la introducción del capitalismo en tiempos del porfiriato. El traque (construcción y mantenimiento de vías férreas), por ejemplo constituyó la fuente de trabajo principal, a la que miles de jornaleros desposeídos de sus tierras y obreros, acudían en busca de un salario mejor.[2]

Estos jornaleros migrantes se emplearon no solo en el traque de Texas sino también en las empresas mineras de California, así como en la agricultura e industria en desarrollo en todo el suroeste norteamericano. En este proceso migratorio fue muy importante la participación de los llamados "sistemas de enganche", que no eran más que empleados de empresas que llegaban a los pueblos con el objeto de llevarse un buen grupo de gente a trabajar a sus compañías. Este sistema manejado principalmente por las empresas ferrocarrileras y mineras, no solo en las fronteras del norte, sino el interior de la república mexicana, en muchas ocasiones constituyó un peligro para la sociedad, ya que valiéndose de engaños y apelando a la necesidad de la gente, los sacaban de sus comunidades prometiéndoles un trabajo y salario que después con cualquier excusa no cumplían, puesto que los contratos eran de palabra; y cuando estos se hacían por escrito, igual se abusaba por que la mayoría de los trabajadores no sabían leer y llegaban a firmar documentos en los que se prometía más de lo que era posible. De esta manera no podían quejarse ante las autoridades, y el trabajador tenía que subordinarse a la voluntad del patrón. Con todo y esto, el flujo migratorio hacia la Unión Americana siguió creciendo.[3]

El paso de las líneas fronterizas estaba libre, fue hasta las leyes de 1875, 1882 y 1885 en que el gobierno de los Estados Unidos prohibió la entrada de convictos, prostitutas, retrasados mentales, lunáticos e indigentes, y a quienes el patrón pagaba por adelantado los gastos del viaje. Estas primeras restricciones fueron la muestra de una preocupación por parte de algunos sectores de la ciudadanía estadounidense, que de alguna manera rechazaban la inmigración de extranjeros. No así por parte de los patrones de empresas y compañías, a quienes ha beneficiado enormemente la migración, motivo por el cual, cuando los migrantes volvían a su tierra traían la recomendación de llevar más gente a su regreso a los Estados Unidos. Por esta razón, muchas

---

2   Valdovinos Cisneros, Adela. *Entre idas y venidas: La migración de los Batuequenses a Estados Unidos (1848-1996)*. UMSNH. Tesis de Licenciatura en Historia. Morelia. 1998. p. 10
3   Ibidem. p. 11.

haciendas y fincas mexicanas seguían siendo abandonadas a causa de un jornal muy bajo, y aunque la mano de obra ya estaba haciendo falta en México y a pesar levantar sus cosechas, no fue posible ofrecer un salario más alto, que permitiera quedarse a trabajar en nuestro país. Tal era la situación para principios del siglo XX.[4]

MIGRANTES MEXICANOS (1900-1942)

Durante los primeros años del siglo XX, los ferrocarriles mexicanos unieron el interior de México con las ciudades fronterizas. En esta forma se facilitó mucho la migración, aunque su volumen no aumento inmediatamente; casi todos los migrantes eran trabajadores agrícolas y peones endeudados, o acasillados, según la costumbre que todavía prevalecía en México y obligaba a la gente a permanecer en el país.[5] Para 1907 en que la migración se intensificó debido a una recesión económica nacional y a un aumentó de demanda de mano de obra por parte de los Estados Unidos, los inspectores encargados de cumplir las leyes de inmigración, se volvieron más estrictos. Esto fue bueno para los hacendados mexicanos porque aumentó la mano de obra disponible, pero no así para los patrones y empresario norteamericanos, quienes incluso llegaron a suplicar a los inspectores fronterizos para que fueran menos duros con los mexicanos que quisieran entrar a los Estados Unidos. Los patrones norteamericanos enfatizaban una preferencia por los trabajadores mexicanos; quienes sabían que gracias a la mano de obra mexicana, sus empresas eran prósperas y a partir de ese momento se empezó a sentir una actitud de trato diferente hacia el mexicano, una actitud más cordial.[6]

En la década revolucionaria la migración al norte se inscribió en un proceso generalizado de desplazamiento de población, sobre todo del medio rural a las ciudades grandes y pequeñas del país. En general, puede decirse que la Revolución vino a acentuar la tendencia a migrar en familia, en compañía por lo menos de la esposa y los hijos: la inseguridad reinante no garantizaba la permanencia de los que se quedaban. La migración creció durante la revolución maderista (1910-1911) y bajó sustancialmente durante el periodo constitucional del presidente

---

4   Ibidem. p. 12.
5   Moore, Joan W. *Los mexicanos de los Estados Unidos y el movimiento chicano.* Ed. FCE. México. 1975. p.79
6   Valdovinos, *Entre idas y venidas,* op. cit. p.13.

Madero (1912-1913). Su muerte desató otra vez el flujo migratorio y fue en aumento a medida que se intensificaba la revolución constitucionalista para decrecer a partir de 1917, fecha en que asumió el poder Carranza y se promulgó la nueva Constitución. Así, esta fase del proceso migratorio entre México y Estados Unidos concluyó con el paulatino retorno de los emigrantes a partir de la paz que comenzó a recuperarse hacia el fin de la década de 1910. El siguiente momento se inició con la demanda urgente y masiva de trabajadores mexicanos por el ingreso de Estados Unidos en la Primera Guerra Mundial.[7]

El Primer Programa Bracero se concretó cuando el congreso estadounidense aprobó la ley de inmigración más restrictiva de la historia de ese país, misma que exigía que para poder hacer contrataciones temporales de trabajadores extranjeros éstos debían saber leer. La situación de guerra y las presiones de los agricultores obligaron a aprobar el Programa Bracero con un título de excepción. Este tendría una duración de cinco años (1917-1922) y el gobierno estadounidense no dejaría de remarcar su carácter de excepcional. Al pasar la emergencia de guerra los agricultores clamaron por la permanencia del programa y consiguieron que se extendiera cuatro años después del conflicto.[8]

Para la segunda década del siglo XX, cerca de 18 mil mexicanos por año cruzaron la frontera norte. En 1919 esta cantidad aumentó a 29 mil y durante los años veinte, el promedio anual fue de 49 mil inmigrantes mexicanos que se establecieron en el suroeste y de manera particular en zonas industriales como Los Ángeles, San Antonio y Chicago. La mano de obra mexicana en el extranjero se intensificó por la misma demanda del vecino país, ocupada en su participación en la Primera Guerra Mundial, y la consecuencia de la Revolución Mexicana. Esto permitió su extensión por todos los Estados de la Unión Americana, por la construcción del ferrocarril, en la industria automotriz y el acero en el medio oeste, la construcción en Arizona, los madereros de Kansas y Chicago, y muchas otras industrias sin descuidar por supuesto la agricultura. Todo esto aceleró el progreso de los Estados Unidos y su conversión a la primera potencia capitalista.[9]

---

7   Durand, Jorge. *Más allá de la línea: patrones migratorios entre México y Estados Unidos.* Ed. CNCA. México. 1994. pp. 117-118.
8   Rionda, *Y jalaron pa'l norte,* op. cit. pp.89-90.
9   Valdovinos, *Entre idas y venidas,* op. cit. 13-15.

Cuando en 1920 llegó al poder Álvaro Obregón, nuestro país se empeñaba en la reconstrucción interna; y el Presidente tuvo que enfrentar serios problemas, entre otros la actitud antipatriota del clero, la penuria del erario y la rebelión de Adolfo de la Huerta. Pero la más importante fue la ruptura de relaciones diplomáticas con Estados Unidos el 7 de mayo de 1920. Ese país no reconoció formalmente el gobierno de Obregón, sino hasta el 13 de agosto de 1923 cuando, mediante los tratados de Bucareli se establecieron las relaciones.[10]

En el año de 1925 el Congreso de Estados Unidos aprobó una ley más, con la que estableció la patrulla fronteriza para impedir la inmigración ilegal por las fronteras mexicanas y de Canadá. A partir de este momento se estableció una diferencia entre la migración legal e ilegal y cambió la situación del migrante, la de ser uno entre tantos inmigrantes que podía entrar sin visa oficial, al de un fugitivo de la ley que debe siempre ocultarse para no ser deportado.[11]

En toda la década de los veinte, el fenómeno migratorio mexicano siguió creciendo: lejos de disminuir por las posiciones de 1924-25, éste continuó durante el movimiento cristero desde 1926 a 1929. Finalmente el flujo migratorio no solo se vio reprimido, sino que miles de connacionales fueron repatriados a causa de la gran depresión económica de 1929 que se dio en Estados Unidos con importantes repercusiones a nivel mundial. El crack económico fue motivado por un desborde de producción con precios altos y salarios bajos, por lo que no había gente ni empresas que compraran, lo que condujo a que se cerraran fábricas, campos agrícolas y que la industria de la construcción se detuviera causando un gran desempleo.[12]

Las deportaciones terminaron en 1933 durante el periodo presidencial de Lázaro Cárdenas en que se dinamizó notablemente el reparto de tierras, que acabó prácticamente con los latifundios que quedaban. Al mismo tiempo, se llevaron a cabo las nacionalizaciones de ferrocarriles y el petróleo; se crearon múltiples y perdurables instituciones y culminó con un nuevo plan de desarrollo industrial. En suma, había llegado el México nacionalista, popular, independiente y moderno. Y así, una vez concluida las deportaciones el flujo migratorio volvió a

---

10   Morales, Patricia. *Indocumentados mexicanos. Causas y razones de la migración laboral.* Ed. Grijalbo. México. 1981. pp.87-88.
11   Valdovinos, *Entre idas y venidas,* op. cit. 13-15.
12   Ibidem. p.15.

reencontrar su camino. También porque los estadounidenses volvían, poco a poco, a necesitar trabajadores.[13]

PROGRAMAS BRACEROS (1942-1964)

En el año de 1942 los Estados Unidos entraron en la Segunda Guerra Mundial, esto significó un cambio en la cuestión migratoria de los mexicanos. La industria de guerra, así como la pujante industria manufacturera, el sector de servicios y el transporte, requerían de una abundante cantidad de obreros. Miles de trabajadores entraron a la fuerza de trabajo urbana de las zonas industriales del norte; dichos trabajadores eran básicamente negros del sur, chicanos de Nuevo México, Texas y Arizona y una gran cantidad de trabajadores agrícolas por esa transferencia al norte industrial, perdiendo aproximadamente un millón de ellos. Los empresarios exigían desesperados la importación de obreros agrícolas. En México se encontraba la solución. La fuerza de trabajo mexicana seria el soporte de esas necesidades.[14]

Bajo el nombre de "Programa Bracero" se agrupo un conjunto de tratados celebrados entre los gobiernos de Estados Unidos y de México, para permitir la importación de trabajadores agrícolas mexicanos al primero, bajo la calidad de temporales. Estos acuerdos principiaron en agosto de 1942 y finalizaron en enero de 1964, como un programa de emergencia para auxiliar a la agricultura norteamericana la cual padecía una marcada escasez de fuerza de trabajo como resultado de la participación de este país en la guerra.[15]

La Segunda Guerra Mundial significó para México una oportunidad para impulsar como nunca antes su desarrollo, basado sobre todo en una agricultura de exportación y en el programa de sustitución de importaciones. Las contrataciones le significaron el empleo de su fuerza de trabajo excedente y la captación de las dividas necesarias para su desarrollo industrial.[16] La primera condición que se impuso fue la de que todos los trabajadores mexicanos fuesen contratados y respetados efectivamente sus contratos, gozando de las ventajas de un trabajador estadounidense. Otro fue que el gobierno estadounidense

13   Durand, Jorge. *Más allá de la línea*, op. cit. pp. 127-128.
14   Fernández Guzmán, Eduardo. *La migración de un pueblo michoacano: El caso de Huandacareo*. UMSNH. Tesis de Licenciatura en Historia. Morelia. 1995. p. 20.
15   López Castro, *La casa dividida*. op. cit. pp. 53-54.
16   Ibidem. pp. 96-97.

figurara como contratador y no los particulares, quienes fácilmente abusaban de los contratos. Sin embargo, esto solo se cumplió hasta 1947, en que el gobierno estadounidense, ya sin presión, rechazó seguir siendo el contratador formal, dejando su lugar a los agricultores. Otra condición fue la de que no se repitiese una deportación masiva como la de la Gran Depresión, al término de la guerra. Los braceros tuvieron derecho, además, a su transportación de ida y vuelta, viáticos, hospedaje decente, salario como el que imperaba en la zona de destino necesarios para su desarrollo industrial, etcétera.[17]

El total de trabajadores contratados desde 1942 hasta 1956 fue de 4, 682,835. Los contratos eran exclusivamente para hombres, las mujeres no podían participar de esta contratación legal y Estados Unidos se cuidó muy bien de excluir de los visados la posibilidad de que viajaran los familiares, como había sucedido en el primer programa de 1917. Los contratos eran temporales, mejor dicho estaciónales, no menores de tres meses ni mayores de nueve. De este modo se priorizó y apoyó, con medidas legales, la migración estacional de ida y vuelta y se reforzó, de manera indirecta, la migración de hombres solos, ya que no valía la pena emprender una travesía familiar por periodos de tiempo tan breves. No importaba que el emigrante fuera y viniera durante quince años consecutivos; lo que preocupaba a las autoridades estadounidenses era que los trabajadores permanecieran durante el invierno, cuando no había trabajo, y que alargaran su estancia en ese país.[18]

El incremento de la migración a Estados Unidos fue tal que en la década de los cincuenta acarreó algunos problemas. Se iban hombres, mujeres, jóvenes y viejos, casados y solteros, y pequeños desde los 12 años, sin importar las condiciones y sufrimientos, todos querían trabajar. Pero del otro lado se puso en función la llamada "Operación espaldas mojadas", con la misión de desterrar a los indocumentados; desde 1953 y sobre todo en 1954-55, debido a la recesión económica en Estados Unidos se dio una deportación masiva de ilegales, a veces brutal, llegando a sacar de aquel país hasta dos millones de extranjeros indocumentados, con la ayuda de funcionarios federales, estatales y locales, junto con el FBI, el ejército, la marina y la patrulla fronteriza norteamericana. Sin embargo, las puertas fronterizas se siguieron

---

17   Rionda, *Y jalaron pa'l norte,* op. cit. p. 95.
18   Durand, Jorge. *Más allá de la línea...,* op. cit. pp. 130-133.

a abriendo y cerrando durante la década de los cincuenta y sesenta, según las necesidades de la economía estadounidense.[19]

LOS INDOCUMENTADOS (1964-1986)

El periodo de la migración los siguientes 22 años, que transcurrieron entre 1964 y 1986. En esta etapa los braceros cambiaron de nombre y de status, ahora eran ilegales y entre ellos se distinguían dos modalidades: los "mojados que cruzaban las peligrosas corrientes del rió Bravo y los "alambristas" que se escabullían por debajo o por encima de la malla de alambre que recorre algunas partes de la frontera a pocos metros de una patrulla policíaca. También surgieron los "micaelos", la aristocracia migratoria, es decir, aquellos que habían obtenido una mica, un permiso de trabajo que les permitía pasar libremente por los puestos fronterizos.

Obviamente la migración ilegal no es una característica exclusiva de este periodo y desde que se inició este proceso los emigrantes evadieron los controles o los requisitos formales. Lo que distingue a esta etapa hasta caracterizarla como la era de los indocumentados es la magnitud del flujo migratorio con ese carácter. Los mojados y alambristas eran una indudable mayoría respecto a los "micaelos". Durante este periodo también existe una serie de modalidades para el cruce y son las siguientes: los servicios de un "coyote", por cuenta propia, con documentos falsos y una combinación siempre original de métodos legales e ilegales.[20]

Por lo tanto en el suroeste estadounidense el desarrollo de la agricultura y la industria arrojaban mayores demandas de mano de obra no calificada; y por otro lado, en el transcurso de 1964 a 1980 la vida en México se tornó más difícil a causa de la crisis por la que estaba pasando, la decadencia del desarrollo estabilizador y las consecuencias de un desarrollismo que dejaban sentir implacablemente la necesidad de fuentes de trabajo, con esto alcanzó su máxima durante los años setentas. La migración mexicana a Estados Unidos empezó aumentar muy visiblemente desde 1971 teniendo que para 1979 se dio la mayor aprehensión del nuevo ciclo migratorio, ascendiendo al

19   Valdovinos, *Entre idas y venidas,* op. cit. pp. 18-20.
20   Durand, *Más allá de la línea...* op. cit. pp. 135-136.

millón de emigrantes detenidos.[21] Además, el factor demográfico, en aumento, trajo como resultado un gran número de trabajadores desempleados, por lo que para los años setenta y ochenta, la migración a los Estados Unidos se había elevado considerablemente. Para este periodo al que determinamos como de indocumentados, la necesidad económica juega un papel relevante, pero no es determinante. La migración a los Estados Unidos se expande por los centros urbanos donde salen numerosos grupos predominantemente de clase media, hacia el extranjero, con la esperanza de un mejor porvenir.[22]

Los lugares de destino y origen mas destacados, en esta época, siguen siendo el suroeste de los Estados Unidos y el occidente de México, respectivamente. La recurrencia de la migración permite el establecimiento de comunidades "hijas" o sea, grupos de mexicanos que procuran conservar costumbres y formas de vida de sus pueblos en el extranjero, por medio de lo cual se hizo mas factible la migración de descendientes de estos migrantes a las tierras del norte, que ya no serian extrañas, sino que a través de estas "redes de relación" se ha conocido la perspectiva de allá, y se ha estimulado el interés por conocer y por lograr un mejor nivel de vida económico, mediante el trabajo como indocumentado, cosa que en México le seria mucho mas difícil o de hecho imposible.[23] En este periodo se modificó el patrón migratorio de hombres solos, promovido en la época de los braceros. La migración femenina rebasó la proporción de épocas anteriores.

Para 1982, México se vio inmerso en una crisis muy profunda con una deuda externa y un déficit comercial de los más abultados en el mundo, una gran cantidad de desempleados, una explosiva migración tanto a las ciudades como a los Estados Unidos debido a la falta de oportunidades y al gran desempleo mexicano. Casi 78 millones de mexicanos no pueden cubrir sus mínimas necesidades como son alimentación, salud, educación, etc. Pero lo que si es cierto es que indicadores como la pobreza, desempleo, y un salario real raquítico, determinan en gran medida la emigración, aunque hay otros que juegan también un papel muy importante. Esta es la tradición migratoria regional, local o familiar, que se ha mantenido en el transcurso de algunas generaciones, y que poseen rutas migratorias, lugares preestablecidos, y contactos en los Estados Unidos. Y donde muchas de las

---

21   Fernández, *La migración de un pueblo michoacano*...op. cit p. 27.
22   Valdovinos, *Entre idas y venidas*...op. cit. pp. 21-23.
23   Ibidem. p. 23.

veces los parámetros como pobreza y desempleo no encajan en este esquema migratorio.[24]

MIGRACION MEXICANA CONTEMPORANEA (1986-2002)

La era de indocumentados concluyó por decreto. En 1986 los mojados y alambristas se convirtieron en "rodinos", en alusión directa el nombre del senador estadounidense que fue uno de los que promovió la ley conocida como Simpson-Rodino (IRCA). Así les llaman desde entonces a los 2.3 millones de mexicanos que se vieron favorecidos por las dos modalidades de amnistía.

Los indocumentados han pasado a formar dos grupos diferentes. El de residentes (1.2 millones) que ha empezado a consolidar una migración de tipo familiar y a establecerse de manera definitiva en Estados Unidos. Y el de trabajadores agrícolas temporales, que es una nueva modalidad de Programa Bracero, planeado y ejecutado unilateralmente por Estados Unidos. Queda, no obstante, un tercer grupo. Los que no alcanzaron la amnistía y que siguen siendo indocumentados, pero en peores condiciones que antes, que han pasado a formar un submundo laboral, a engrosar las filas del mercado negro de trabajo.[25]

Al concluir la década de los ochentas, toda la década de los noventas y principios del presente siglo la migración no ha cesado y se han diversificado las estrategias de los migrantes para lograr sus fines de buscar nuevos cruces fronterizos poco vigilados o transitados, al igual no se ha dejado la práctica de conseguir y utilizar documentos apócrifos: el realizar este tipo de acciones para el gobierno de los Estados Unidos sigue siendo un cargo criminal.

Con esto el gobierno americano estableció en 1994 la Operación Guardián, con el objetivo de cerrar las fronteras para los cruces de migrantes, para así tratar de que los migrantes no solo tengan que enfrentar la situación y los peligros sino también, a los traficantes de personas, mejor conocidos como "polleros" y a las bandas de delincuentes que con saña los atacan y se aprovechan de su vulnerabilidad. No obstante, las medidas represivas del gobierno de Estados Unidos incrementó de control de los migrantes hasta el momento y esto ha

---

24   Ibidem. pp. 49-77.
25   Durand, *Más allá de la línea*, op. cit. 139-140.

perjudicado el acceso a los mexicanos, con ello, los migrantes han sido orillados a buscar otras rutas más peligrosas, ya sean por el desierto o en las montañas, estas zonas son las más solicitadas, debido a que no hay mucha vigilancia por parte de la patrulla fronteriza, a diferencia de los tradicionales cruces fronterizos (Tijuana, Ciudad Juárez, Nuevo Laredo).

Entre 1994 y 2001 se incrementaron los muertos de migrantes en la zona fronteriza en un 500%, en general; en Texas y Arizona, solo en 2001 murieron 391 mexicanos en el intento. Según datos oficiales del Consejo Nacional de Población, (CONAPO), indican que hoy residen en Estados Unidos alrededor de 8.5 millones de personas nacidas en México, de las cuales entre 3 y 3.5 millones serían indocumentadas. En tanto, con el censo de población americano del año 2000, indican que los nacidos en este país o de descendientes de mexicanos es de 21.5 millones de personas que es casi el 60% de todos los hispanos y el 7.3% del total de la población. Durante la década de los noventas la población latina sumó 36.3 millones y tuvo en crecimiento demográfico de 57.9%, cuatro veces mayor al de la población estadounidense en general. La población mexicana fue la que más contribuyó a ese crecimiento. [26]

En este mismo periodo la migración es cada vez más urbana. El mundo rural comparte ahora su condición de zona de desastre con las ciudades. Pero la migración sigue siendo el reino de los rurales, más experimentados y con mejores y más aceitadas redes para el cruce y el establecimiento en los Estados Unidos. También encontramos que un tercio de los migrantes trabaja en los campos, aunque también encontramos que los restantes se concentran en zonas urbanas de este país. Es decir, la distribución de los migrantes sigue siendo en los estados de California, Texas y Arizona, pero los encontramos en lugares que nunca se habían tenido registro de migrantes mexicanos. Esta migración ya no sigue siendo de los tradicionales estados expulsores (Jalisco, Michoacán, Guanajuato y Zacatecas) sino que encontramos migrantes de toda la república mexicana. [27]

La riqueza nacional, la traen los migrantes, se estima que entre 6 mil y 10 mil millones de dólares entran al país, estas remesas representan

---

26   Cano Arturo. *"Hacia una geografía del otro México"*. En: La Jornada. México. 23 de junio de 2002, pp. 3-4.
27   Ibidem, 3-8.

el tercer ingreso de divisas, después de las exportaciones petroleras y el turismo. En su gran mayoría, los migrantes que trabajan lo hacen por bajos salarios y carecen de seguro y prestaciones. Su condición de indocumentados no los libra de pagar impuestos. Se calcula que sólo en el rubro de impuestos no devueltos y pensiones no pagadas a los migrantes sin documentos, el gobierno estadounidense se queda cada año con unos 5 mil millones de dólares. [28] Por lo tanto, el gobierno americano ha optado por no otorgar servicios de educación, salud y todo derecho que tiene un ciudadano, el hecho de ser ilegales les ha quitado esos derechos básicos.

La xenofobia y la oposición a la migración mexicana en general siguen presentes. Pero como la migración ha cambiado y ahora se compone también de migrantes indígenas que proceden de Puebla, Oaxaca, Michoacán e Hidalgo;[29] es contra ellos específicamente que se dan actitudes racistas por parte de anglosajones, latinos e incluso de mexicanos no indígenas.

En especial después de los atentados del 11 de septiembre de 2001, cuando la comunidad mexicana y en especial la indocumentada, llegaron a creer que el gobierno norteamericano y el mexicano iban a lograr una amnistía para ellos, cambió y aumentó el sentimiento antimigrante y específicamente antimexicano. A pesar de ello los migrantes seguirán aventurándose en ir al norte, mientras el vecino país les ofrezca mejores salarios a diferencia de México.

---

28   Ibidem, 3-8.
29   Ibidem, 3-8.

"Somos Humanos y nos llaman mexicanos"

Mexican curios no me vas a decir,
Que no sabías,
Que también somos humanos y nos llaman hermanos mexicanos.
Te llevaste una sorpresa, Calmado.
La fusca es nuevecita y no pienso usarla,
Más que bendecirla por la sangre mexicana,
Tirada en la calle de los gueros, (en el rió),
De la mirada de mi gente y de mis hijos
Y si crees que es sencillo deshacerte de mí, no soy paciente,
No respondo, yo, por mi (reacciones),
Si te pones agresivo en la frente, solo pido paz.
Si te pones muy al brinco, si recuerdas yo desciendo de Pancho Villa,
Y a caballo o en la troca tengo mi puntería
Ja, ja, que vas a poner un muro (sabemos taladrar)
Seguro de damos duro,
No pienses que con eso
Me vas a detener ni de broma, ni en serio tu podrás tener los guevos
Que tenemos para madrearnos
Recuerda, pinche güero.
Fumando un cigarro y tomando tequila
Viendo tu tele y comiendo tu comida
Somos humanos y nos llaman mexicanos,
Somos humanos y nos llaman mexicanos.
Me voy a reír de ti.
Somos humanos y nos llaman mexicanos,
Somos humanos y nos llaman mexicanos,
Me voy a reír de ti.....ja, ja, ja...

Grupo: Control Machete. 1996

CAPITULO 2

HISTORIAS DE VIDA

2.1 ANTECEDENTES

Antes de iniciar con el desarrollo de este proyecto de investigación, me parece importante dar un panorama autobiográfico sobre los motivos que me impulsaron a investigar esta temática. Como resultado de las investigaciones surgieron y quedaron muchas ideas en el aire, que me interesan, para dar un seguimiento con la misma temática desde el punto de vista histórico. Debido a mi estancia por seis años en Seattle, Washington, me he dado cuenta que existe una gran cantidad de migrantes mexicanos y que en dicho período de mi estancia la he visto incrementar. Por supuesto sería muy bueno, indagar más sobre el fenómeno migratorio en esta área de Norteamérica.

El fenómeno migratorio de mexicanos hacia los Estados Unidos siempre ha estado conmigo desde que tengo uso de razón. ¿Por qué? En primer lugar la familia de mi madre siempre ha migrado hacia los Estados Unidos. Las razones del factor económico y la ausencia del jefe de familia obligaron a muchos de mis familiares a buscar fortuna en el vecino país del norte. Desde finales de la década de los sesentas y hasta hoy, todos emigran. Con el tiempo se han formado redes familiares y de paisanos muy fuertes para que el hecho de migrar no sea tan peligroso. La migración, desde niño, ha sido muy familiar para mí. Ver a unos familiares que se van sin saber cuándo volverán era muy cotidiano. Migrar es un hecho que cambia a las personas, tanto los que se van como los que se quedan. Afortunadamente mis padres no migraron. Trataron de que mis hermanas y yo tuviéramos una carrera universitaria y su sueño se cumplió.

Cuando se inició el proyecto de investigación en el tercer año de la licenciatura, lo primero que vino a mi mente fue el problema de la migración en México. En mi propia familia encontré uno de los miles de casos de historias de migrantes mexicanos. Tenía una importancia personal y despertó la inquietud por ahondar en el proceso de la migración hacia los Estados Unidos. Cuando concluí mi carrera como historiador en la Universidad Michoacana de San Nicolás de Hidalgo, en la ciudad de Morelia, Michoacán, decidí ir a trabajar a los Estados Unidos y al mismo tiempo realizar mi trabajo de tesis para la licenciatura sobre migrantes de mi estado de Michoacán en los Estados Unidos. Al egresar de la Facultad de Historia fui a trabajar a los Estados Unidos como todos mis familiares y al mismo tiempo aproveché para realizar la investigación con la finalidad obtener el título de Licenciado en Historia, analizando desde adentro ese fenómeno.

En los últimos dos años de mi carrera conocí a una norteamericana que estudiaba español en mi ciudad. Fue muy bonita nuestra relación, pero al mismo tiempo fue difícil, porque al concluir nuestros estudios, queríamos decidir en dónde vivir. En ese momento ella me planteó la idea de irnos a vivir por un tiempo a su ciudad, de Seattle, en Washington. El problema era que yo no tenía una visa para entrar a los Estados Unidos.

Anteriormente yo había visitado el país, pero de manera clandestina (estimado lector espero entienda mi situación, donde soy honesto y espero no me perjudique dicha declaración). Había trabajado algunos meses con los familiares que tengo en el estado de California. Realizaba trabajos de desmantelamiento de computadoras. Mi estancia no pasaba de 2 a 3 meses y regresaba a México. Es importante recalcar que entraba al país con documentos falsos, es decir, mis familiares me permitían usar actas de nacimiento de alguno de mis primos quienes eran de misma edad en ese momento. Así entré al país sin ningún problema, aunque claro tenia sus riesgos, pero en ese momento no me dio temor.

Entonces, la solución era casarnos y así entrar sin problemas. El gobierno norteamericano para ser mas específico la embajada norteamericana en la Ciudad de México, puso como regla casarnos en un mes. Si no lo hacíamos, perdería mi visa y tendría que regresar a México cuanto antes. De esta manera me otorgaron la residencia para estar en los Estados Unidos.

A finales del año 2000 yo ya tenía planeado salir de México. Nunca en mi vida había salido por tanto tiempo del país. Migrar realmente cambia la vida de todo ser humano. Al mismo tiempo tenía la necesidad de hacer unos ahorros. Siempre viví con carencias. Trabajé de todo en mi ciudad y al mismo tiempo estudié diferentes artes y oficios. Vendía en los mercados y en las calles. Los artículos que vendía eran discos compactos, casetes, artesanías y ropa de segunda mano. Fue muy placentero vender en dichos lugares, pero ya estaba cansado de esa vida y quería algo mejor. Si hubiera seguido con esa vida nunca hubiera "progresado". Así como miles de mexicanos que hacen lo mismo, es sólo para sobrevivir, siendo dependientes de lo que se venda, es decir, se vive al día.

Cuando mi novia Kathryn conoció mi situación me ofreció realizar esa aventura de ir al norte. Siempre tuve sueños, y claro el "sueño americano", como todos los migrantes que van al norte: ahorrar dinero, comprar un auto, ayudar a la familia, viajar y obtener un sinfín de artículos que la vida moderna nos dicta que es lo que necesitamos. Realmente fue difícil salir de mi entorno. Estaba decidido, pero recuerdo muy bien a mi madre muy triste. Esa imagen de ella cuando se despidió nunca se me olvidará.

Mis primeros años en Seattle fueron muy difíciles. Me sentía muy solo, aunque tenía a mi esposa, de veras, la soledad me invadía y el anhelo de estar en mi tierra. Lo superé con el tiempo pero me costó mucho trabajo. Ahora puedo decir que esa ciudad del noroeste norteamericano, es decir Seattle, es como mi segundo hogar. Tengo malas y buenas experiencias. No me arrepiento. Los Estados Unidos me enseñaron y me siguen enseñando muchas cosas. Como muchos migrantes, es nuestra segunda patria. Le duela a quien le duela. En ese país hemos salido adelante, pero es necesario decirlo, a costa de mucho sufrimiento y con el esfuerzo de nuestras manos.

Siguiendo un poco sobre mi vida en esa parte de Norteamérica, tuve una infinidad de trabajos como cargador, jardinero, maestro de español, y trabajos en restaurantes y en mercados. En todos ellos, a veces sufría racismo e indiferencia, pero también quiero decir que muchos norteamericanos no son así. Hay gente que entiende la situación del migrante, es paciente y a la vez quiere apoyar en lo que está en sus manos.

El autor de este proyecto se dedicó desde el momento que llegó a la ciudad de Seattle en el año 2000 a empezar haciendo los primeros contactos con los mexicanos que vivían y trabajaban en esta ciudad. En mis anteriores visitas en 1998 y 1999, tenía alguna información de dónde se ubicaban la comunidad mexicana y las organizaciones que apoyaban al migrante.

Los lugares para el trabajo de campo se fueron dando gradualmente. Pero, primero tenía que buscar un trabajo en esa ciudad. El primer trabajo que tuve fue en un restaurante de comida inglesa, donde su especialidad era el té y los bocadillos. Mi labor en ese restaurante era lavar platos y no se requerían documentos para trabajar. Ese trabajo lo conseguí gracias a mi esposa, quien trabajaba como mesera. Ella me recomendó con la dueña aceptó que yo estuviera en su negocio. En ese lugar conocí a muchos mexicanos. Esos fueron mis primeros contactos con migrantes mexicanos. Al finalizar el 2000, entré a clases de inglés en la escuela de la comunidad. Este fue el lugar exacto para conocer a más gente de México y de Latinoamérica.

En ese mismo período entré también a las clases de inglés que imparte Casa Latina (organización de apoyo al migrante) y las clases eran solamente en las noches. En dicho lugar mi esposa era voluntaria enseñando clases de inglés y por esa razón ella me comentó que era un buen lugar dónde podría conocer a gente mexicana para mis entrevistas y a la vez incrementar mis conocimientos en el idioma inglés.

En la mayoría de los casos, nada más tuve la oportunidad de entrevistarlos en una sola ocasión. Las dificultades que se presentaron fueron que las distancias donde vivían los migrantes eran bastante lejanas y para llegar se necesitaba un carro. Mi transporte era el servicio público y aunque el servicio era bueno. Sin embargo, era agotador. Era realmente difícil trabajar, asistir a clases de inglés y transportarse en camión todos los días. En ese país era necesario el carro donde quiera que uno dirija. A diferencia de México donde hay más alternativas de transporte público, allí nada más estaba el autobús. Había taxis, pero el servicio es muy caro. Al cumplir un año en esa ciudad ya contaba con auto y era más fácil ir a los lugares donde se encontraban los migrantes, ya fuera en sus casas o en sus trabajos.

En el primer trabajo que tuve duré como dos meses y después me cambié a un mercado llamado *Whole Foods*, donde tienen productos orgánicos y los clientes son vegetarianos, muy cerca de la Universidad de Washington. Entré como lavaplatos y a las dos semanas estaba como encargado de la sección de ensaladas. Después porque vieron mis habilidades dentro de ese mercado, me encomendaron labores de mantenimiento, limpieza y como la persona quien revisaba las fechas de caducidad de los productos preparados en dicho lugar. En *Whole Foods* los horarios de trabajo eran muy inestables. Unos días trabajaba en la mañana y otros en la noche. Por lo general, eran los fines de semana seguros de trabajo. Los fines de semana era más fácil encontrar a algunos de los "paisanos" en sus casas, pero no podía por las razones de los horarios de trabajo antes mencionadas. Pero viendo el lado positivo, puedo decir que en ese mercado conocí a más mexicanos, que ahí trabajaban.

Así realizaba las entrevistas en mis días libres, ya fuera martes y miércoles o miércoles y jueves. Esos días los establecía para ir en la búsqueda de migrantes. Los entrevistados me fueron recomendando con otros migrantes y por lo general me mandaban a restaurantes ubicados en esa ciudad, donde ahí trabajaban los migrantes. Además al visitar los restaurantes me servía para hacer amistad con ellos. Fue difícil realizar las entrevistas porque pensaban que era policía o así como dicen los "paisanos", alguien de la "migra".[1]

Otro punto importante fue la información de mi esposa y mis amistades norteamericanas que tenía en esa ciudad. Me apoyaron en decirme qué hacer en Seattle. Es difícil moverse en una ciudad donde no se conoce y en ese momento no hablaba inglés al 100%, lo cual hizo mi situación aún más difícil.

La vida cambia radicalmente en los Estados Unidos. El ritmo de vida que tienen los migrantes hace difícil hacer un trabajo de investigación completo. Por ejemplo, algunas entrevistas se realizaban cuando un "paisano" estaba trabajando y por atender a los clientes, se cortaba la entrevista. Con esto se perdía parte de la información que necesitaba.

Es importante recalcar que no conocía a ninguno de los entrevistados. A veces experimenté antipatía, pero por lo general después de ser

---

1   Después del 11 de septiembre de 2001, observe en algunas personas cierto grado de inseguridad. La razón era que el gobierno americano no veía con buenos ojos a los migrantes, en especial después de los atentados.

entrevistados, los migrantes en su mayoría me aceptaron como amigo. Ser mexicano y michoacano me ayudó mucho.

Se contó con una serie de preguntas ya antes formuladas, pero cuando el entrevistado salía un poco de lo que necesitaba, no importaba porque esa información también era valiosa. Todo se relacionaba con su vida en ese país. Así, todas las entrevistas se grababan en casete. Fue difícil que los "paisanos" se sintieran cómodos con la grabadora en frente de ellos, pero conforme se iba dando la entrevista, la grabadora pasó a segundo término.

En este trabajo se cuenta con fotografías de los migrantes. La mayoría fueron tomadas en sus lugares de trabajo, en la calle o en sus casas. Algunos casos no aceptaron ser fotografiados. Decían que no querían que los vieran en México. Esta opinión se les respetó. Pero en general todos aceptaron con agrado la idea de tomarles fotografías.

Al mismo tiempo que vivía y trabajaba en la ciudad de Seattle desde año 2000 al 2006, concluí mi trabajo de tesis de licenciatura de la universidad. Eso me ayudó mucho, porque conocí a mucha gente, es decir, mexicanos, latinoamericanos y al igual norteamericanos. Como resultado de mi investigación, escribí: *Vivir y trabajar de los michoacanos en Seattle, Washington. Historias de vida, organización social de la migración y negocios étnicos. (1988-2002).* Para principios de año 2003 ya había concluido con dicho proyecto.

Fue una experiencia muy importante, que me ayudó a pensar en futuros proyectos porque al momento de recabar información, ya fueran entrevistas, bibliografía, revistas o artículos de periódicos, conferencias, documentales, me resultaron muchas preguntas y nuevas cosas para desarrollar.

El vivir en la ciudad de Seattle, Washington, donde la migración de mexicanos día a día es más numerosa; (allí se encuentran personas de todas las regiones de México). Me permitió tener la experiencia como migrante y ampliar mis percepciones como investigador científico-social, para analizar el flujo migratorio a esta ciudad. Por entrevistas formales e informales a mexicanos y en especial a michoacanos que se realizaron en Seattle, se puede decir que se trata de una migración de mexicanos intensiva gracias a las redes sociales, las cuales son un mecanismo social que permite la interacción y circulación de información entre los lugares de origen y de destino, así como en los lugares de tránsito o intermedios.

La mayoría de los migrantes, cuando llegan a la parte noroeste de los Estados Unidos, se concentran en los estados de California y Oregon para después ir más al Norte, donde los salarios son más altos y mejora la calidad de vida, y ahí la presencia de la patrulla fronteriza (*la famosa "migra"*) es menor. La migración de mexicanos Estados Unidos tiene una importancia histórica ya que debido a la falta de empleos los migrantes han salido de nuestro país desde hace muchos años para mejorar sus vidas, debido a que en su país de origen son escasas las oportunidades. Debido a ello, México tiene una tradición migratoria que data desde el último cuarto del siglo XIX, donde cobra plena vigencia, con tintes masivos en la mitad del XX y se mantiene en lo que va del XXI.

El movimiento migratorio entre México y Estados Unidos es un fenómeno eminentemente laboral, aunque, después de un largo desarrollo histórico como proceso social, podemos afirmar que también involucra elementos históricos, sociales, culturales y políticos. Asimismo, la demanda de mano de obra barata por parte de la economía de Estados Unidos y la cercanía de un México con grandes problemas económicos y exceso de trabajadores mal remunerados, han hecho que las migraciones se mantengan en el curso de los años.[2]

Muchos de los migrantes arriesgan la vida por llegar a estos lugares, donde encuentran trabajos duros, peligrosos y monótonos. La demanda de fuerza de trabajo se concentra en los sectores agrícola, industrial y de servicios. Mientras en Estados Unidos existan empleos en que ocupen a los migrantes y haya mano de obra en nuestro país que busque esos empleos y existan redes familiares o amistosas que vinculen la oferta y la demanda, la migración continuará.

Las redes sociales son parte del proceso de la migración, y se basan en relaciones de parentesco o de amistad. Con la red social se obtiene información sobre que trabajos hay en el área a donde llega el migrante, donde alojarse y los servicios que se necesitan en el momento donde se ubique esa red social. La red social sirve para disminuir costos y peligros que representa la migración. Los intercambios de las redes sociales

---

2 Fonseca, Omar/ Moreno, Lilia. *Jaripo pueblo de migrantes*. CERM. Lázaro Cárdenas. AC. Jiquilpan. 1984.

son favores que después de un tiempo serán pagados, y este pago será, frecuentemente en especie o del mismo servicio o favor recibido.[3]

La llegada de migrantes mexicanos a la ciudad de Seattle, ha motivado que a personas o grupos se organicen en apoyo de los recién llegados. Existen varias organizaciones de ayuda y solidaridad con los migrantes mexicanos. Estas organizaciones son importantes debido a que el migrante cuando llega a esta ciudad, si no cuenta con las redes (de parentesco, de amistad o de paisanos) puede necesitar apoyo de dichas organizaciones. La ayuda puede consistir en hospedaje, ayuda económica (ropa, transporte, comida), trabajo, clases de inglés, asesoría legal entre otras cosas que necesita el migrante al llegar. Con la migración han proliferado los negocios, y a sean de dueños mexicanos, latinoamericanos o norteamericanos pero con productos dirigidos a un solo grupo étnico en este caso los mexicanos. Esto trae consigo la disponibilidad de una serie de productos de México, desde una película mexicana hasta dulces o refrescos, por citar algunos ejemplos, cuya venta se hace en estas tiendas de la ciudad de Seattle, Washington. En los últimos 14 años han proliferado este tipo de negocios, donde algunos de los migrantes se han arriesgado a invertir.

IOWA Y ESTE LIBRO

Para ser exactos, seria el año de 2004, cuando me encontraba en la ciudad de Morelia, Michoacán. Yo contaba ya con algunas semanas de haber llegado de Seattle. En mi estancia en mi ciudad, aprovechaba en trabajar como guía de turistas en un instituto privado, donde un amigo de la universidad es el encargado de organizar y llevar los tours a una infinidad de lugares dentro y fuera del estado. Dichos tours son enfocados a estudiantes internacionales y en su mayoría son para universidades norteamericanas. Ahí fue donde conocí a una infinidad de estudiantes y maestros de distintas universidades. Una de ellas, fue Cornell College. La encargada del grupo la Profesora Sally Farrington-Clute me invitó a estudiar y ser asistente en el departamento de español en dicha universidad. En anteriores pláticas le había comentado sobre lo difícil que había sido buscar una oportunidad para desarrollarse tanto en México como en Estados Unidos. Ella me apoyó en irme a Iowa. Estuve un año escolar en Mount Vernon, Iowa. Fue

---

3   López Castro, Gustavo. *La Casa Dividida*. COLMICH. Zamora. 1986.

un año muy productivo, placentero (que hasta este momento, extraño la vida en esas áreas del medio oeste norteamericano) e interesante tanto como estudiante y asistente del departamento de español.

Al estar en estas áreas del medio oeste norteamericano siempre tuve la inquietud de publicar este trabajo en inglés. Dicho sea de paso, por mis largas estancias en los Estados Unidos, nunca encontré ese apoyo. Tal vez porque no estudie en una universidad americana o quién me asesorara qué hacer al respecto. La barrera siempre fue el idioma y ser de otro país.

Al iniciar la revisión de este trabajo, refleja un proyecto de años de encontrar el apoyo de personas, entre ellas la Profesora Sally Farrrington-Clute y a su familia apoyó con ideas, alentó y dio propuestas para este proyecto, para que así se diera a conocer esta investigación a lectores de habla inglesa. A quien aprovecho en agradecer por creer en mí. Al igual aprovecho para decir gracias a las profesoras del departamento de español, al Profesor Gray, a la Profesora Judy Siebert y a todos los estudiantes de Cornell College.

Así que estimado lector, espero sea de utilidad este trabajo que con muchos esfuerzos y sacrificios tiene en sus manos. Esta publicación está dirigida a estudiantes, profesores, investigadores, migrantes y a toda persona que le interese el fenómeno migratorio en los Estados Unidos.

Claro, sin olvidarme de todos los paisanos que viven en esas áreas de Norteamérica, que tal vez me inciten a realizar un trabajo de investigación en esas áreas, en algún futuro muy cercano. Donde me dieron ideas y observé como es la migración en otras áreas de Norteamérica. Para así tener otras percepciones del fenómeno migratorio. Por lo pronto les presento lo que les sucede a los mexicanos en el noroeste.

20 de julio de 2007. Morelia, Michoacán, México.

2.2 EL ESTADO DE WASHINGTON

El estado de Washington se ubica en el noroeste de los Estados Unidos. Al norte limita Canadá; al sur con el estado de Oregon; al este con el estado de Idaho y al oeste con el Océano Pacífico. El estado cuenta con 39 condados y su capital es Olimpia, Washington.

El clima es en la mayor parte propicio para el cultivo y solamente en el invierno es cuando diminuye la actividad agrícola, que es de noviembre a febrero o marzo dependiendo el invierno, que por lo general es más fuerte en algunas regiones. La agricultura es una de las mayores actividades económicas en el estado de Washington. Se cosechan manzanas, peras, cerezas, uvas, chícharos, zanahorias, zarzamoras y fresas.[4]

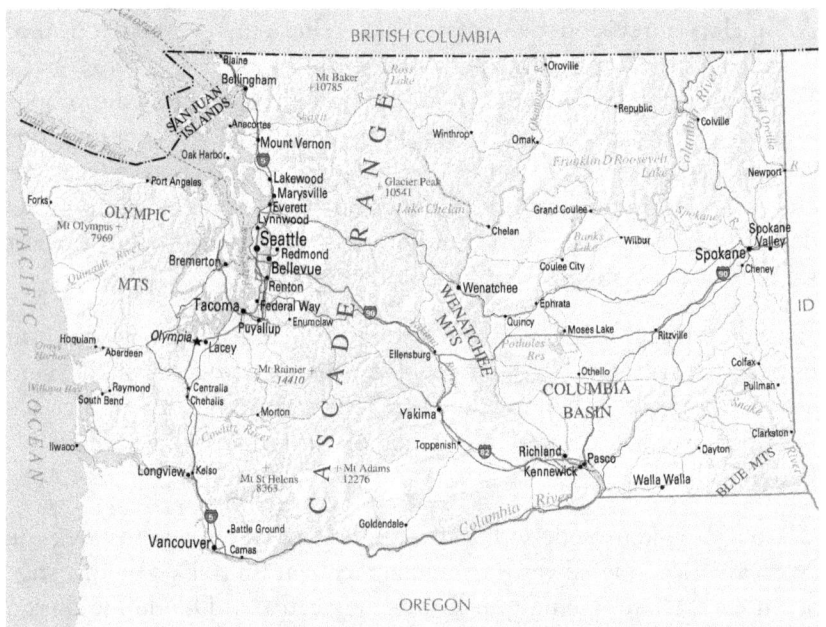

Foto no. 1 Estado de Washington

La población actual del estado de Washington es de 5'894,121; desde el censo de 1980 hasta el 2000 se ve un incremento de la población de origen hispano (ver cuadro no. 1).[5] Pero en especial durante 1990 a 1997 la población latina aumentó cerca de 50 personas al día, a diferencia de la población del estado.[6] En tanto con el censo del 2000, los

4   "Valle de Yakima and vicinity". En: Directorio *Hispano*. Bellevue, Washington. 2000. p. 204.

5   Gamboa, Erasmo. "*Mexican labor and World War II. Braceros in the Pacific Northwest, 1942-1947*. University of Washington, Seattle-London. 2000. p. vii.

6   Ramirez, Marc. "*Local soccer league mirror Latinos growing prominence around the country*." En: *The Seattle Times*. 29 de agosto de 1999. Sección Northwest. P. 3.

de origen mexicano que viven en el estado es de 329,934 (ver cuadro no. 2).[7]

Cuadro 1. LATINOS EN EL ESTADO DE WASHINGTON

1980	1990	2000
* 200, 000	+ 214,570	+ 441,509

Fuente: City of Seattle, enero- 2002. *Población Latina en general en tres estados (Washington, Oregon e Idaho).+ Población latina solamente en el estado de Washington.

Cuadro 2. LOS 10 ESTADOS CON MÁS MEXICANOS

California	8,455,926
Texas	5,071,963
Illinois	1,144,390
Arizona	1,065,578
Colorado	450,760
Florida	363,925
Nuevo México	330,049
Washington	329,934
Nevada	285,764
Georgia	275,925

Fuente: La Jornada. Sección: Masiosare. México, D. F. 3 de junio de 2002. p. 5.

El estado ha dependido de los trabajadores mexicanos desde hace 100 años, cuando los trabajadores llegaron a las minas de oro y la construcción de caminos de ferrocarril. Pero desde la Segunda Guerra Mundial, los trabajadores han tenido su base en la gigantesca agricultura de Washington.[8] Durante los programas braceros de los años 40's encontramos a los michoacanos en esta área de la Unión Americana.[9]

---

7   Fuente en: *City of Seattle*. Enero- 2002.
8   Mapes, Lynda V. *"Farm workers arriving from Mexico, don't plan to stay, but they do?"* En: The *Seattle Times*. Seattle, Washington. 20 de junio de 2000. Sección Local p. 6.
9   Gamboa, Erasmo. *"Mexican labor and World War. Braceros in the pacific North West, 1942-1947"*. University Washington, Seattle-London. 2000. P. 52.

En este estado el 70% de los trabajadores son indocumentados. Se registra que aproximadamente 125,000 trabajadores se encuentran en los campos, en su totalidad son mexicanos y México-americanos. Algunos de los campesinos se han convertido en ciudadanos norteamericanos.[10] En el este de Washington, se encuentra la mitad de la población hispana. El 35% se ubica en el condado de Yakima (sur del estado) y el 95% son mexicanos. La fuerza de trabajo migrante hace que los propietarios agrícolas de Washington sean los primeros a nivel nacional en la producción de una diversidad de productos. Estos agricultores cuentan con trabajadores que llegan constantemente desde México, a los que pagan ínfimos salarios.[11]

2.3 LA CIUDAD DE SEATTLE

Esta zona del noroeste de los Estados Unidos, antes de la llegada de los europeos, estaba habitada por amerindios. Los europeos llegaron en 1851 y se establecieron en un acuerdo con el jefe de la tribu Suquamish de esta zona, quien era Sealth. La industria maderera fue la atracción para los primeros pobladores del área del Puget Sound. El primer aserradero comenzó a operar en el año de 1853. En 1889 operaban 60 negocios en este pequeño pueblo maderero, el cual fue arrasado por el fuego. Por esta razón la ciudad de Seattle fue reconstruida en el mismo año, encima de los restos de la ciudad original, quedando la ciudad antigua enterrada, siendo ahora atractivo turístico.

Nuevos incentivos para el crecimiento de esta área fueron la "fiebre de oro de Alaska" de 1897 y la apertura del canal de Panamá en 1914. La feria mundial de Seattle de 1962, atrajo a miles de visitantes convirtiendo a esta ciudad en una de las áreas de más atracción turística, un centro de entretenimiento y comercio.[12]

El clima de Seattle es variable, y se pueden apreciar las estaciones de todo el año. En los meses de julio, agosto y septiembre, se registran temperaturas de 24 * C, pero en la totalidad del año llueve y hace frío,

---

10   Mapes, Lynda V. *"Home is a place in pictures"*. En: *The Seattle Times*. Seattle, Washington. 19 de junio de 2000. Secc. A p. 8.
11   Sánchez, Ricardo. *"Medidas estrictas del INS, táctica de relaciones públicas que favorecen a todo excepto a los más vulnerables"*. En: La *Voz*. Seattle Washington. Abril- 1999. P. 4.
12   *"Área del Puget Sound"*. En: *Directorio Hispano*. Bellevue, Washington. 2000. p. 2.

Foto. no. 2 Ciudad de Seattle.

por ejemplo, en diciembre y en enero alguna nevada se podría presentar de manera repentina.

En esta área las actividades económicas, en primer lugar, giran en torno al puerto industrial maderero, que sirve de apoyo para abastecer a Alaska. Todos los productos relacionados con la madera sostienen la economía de esta región. El puerto de esta ciudad es uno de los más importantes en la zona noroeste de los Estados Unidos, la razón es el volumen de productos agrícolas y manufacturados que se transportan desde esta ciudad. La industria aeronáutica (Boeing) es la empresa que proporciona muchos empleos a estas áreas. La construcción de barcos y equipos de transportación, son otras de las industrias. En la actualidad, esta área se considera como una de las de mejor porvenir, debido a su estabilidad económica y condiciones climáticas, atrayendo nuevas inversiones con los consecuentes beneficios para la población.[13]

La ciudad de Seattle se ubica en el condado de King County; a éste pertenecen también Tukwila, Renton, Kent, Redmond y Bellevue. La

---

13   Ibíd. p. 2.

población del condado King County es de 1,737, 034, los de origen hispano son 95,242 y los de origen mexicano 62,369 (ver cuadro 3).

La población de Seattle es de 563,371 habitantes, la población de origen latino en esta ciudad es de 29,719 y la mayoría son mexicanos, es decir, 17,886 personas (censo 2000). En esta ciudad encontramos migrantes de diferentes estados del país, por citar algunos Jalisco, Veracruz, Oaxaca, Guerrero, Guanajuato y Michoacán.

**Cuadro 3. POBLACION DE ORIGEN LATINO
EN EL CONDADO DE KING COUNTY**

Tukwila	2,329
Redmond	2,538
Renton	3,818
Bellevue	5,827
Kent	6,466
Seattle	29,719
King County	Total 95,242

Fuente: Ko, Michael. *Businessman prospers along with my people*. En: The Seattle Times. Seattle, Washington. 26 de marzo de 2001. p.16.

2.4 ORIGENES MIGRATORIOS DE LOS MEXICANOS

Los orígenes migratorios de los mexicanos en el estado de Washington en los últimos 14 años es muy diverso, por ejemplo, los que son indocumentados en su mayoría han llegado de otros estados de la Unión Americana, en especial del sur como son California y Oregon. A diferencia de los migrantes que cuentan con documentos y con redes sociales amplias, quienes solamente se dirigen a los lugares de destino, sin ningún problema.

Entonces los migrantes van subiendo más al norte, porque en los estados sureños existen mas temores de que la "migra" los detenga y los deporte, al igual en estos estados se concentran el mayor número de población de habla hispana, esto implica tener más dificultades de encontrar trabajo y que éste a bien remunerado. El especial en el estado de Washington se pueden encontrar trabajos en su totalidad en el campo si los migrantes se dirigen hacia al este, como en la recolección de manzana, peras, cerezas, uvas, zanahorias y fresas.

Pero en los centros urbanos, como en la ciudad de Seattle, los mexicanos se insertan a una diversidad de empleos, muy distintos a los agrícolas. En opinión de algunos migrantes, este estado paga mejor que en los estados del sur de este país.

2.5 LAS REGIONES DE MEXICO DE DONDE PROCEDEN LOS MIGRANTES EN EL ESTADO DE WASHINGTON Y EN LA CIUDAD DE SEATTLE

En el estado de Washington se encuentran mexicanos de diferentes partes de la republica. Se distribuyen en distintas áreas de esta zona del noroeste de los Estados Unidos, dependiendo de las actividades que realicen; otra de las cosas es que también influye si se cuenta con redes sociales. Los mexicanos por lo general cuentan con familiares, amistades o paisanos a quien recurrir. Pero si no se cuenta con contactos se recurre a organizaciones para buscar apoyos, ya sea con hospedaje o con comida.

Con base en entrevistas formales e informales y con datos proporcionados por el consulado de México en esta ciudad, sabemos que los mexicanos que se encuentran en el estado de Washington son, principalmente, de Michoacán, Jalisco, Oaxaca, Guerrero, Guanajuato, Distrito Federal, Estado de México, Puebla, Nayarit y Zacatecas. En el Consulado Mexicano me informaron que, las personas que solicitan documentación, la mayoría son del estado de Michoacán, a diferencia de otros de la república mexicana. En su totalidad son jóvenes varones entre los 16 y 50 años, al igual ha crecido la afluencia de mujeres en la migración al estado de Washington.[14]

Obviamente, no se descarta que existan mexicanos de otros lugares de la república mexicana. Otra de las cosas es que al momento de residir en esta ciudad y de visitar alguna otra de este estado, se puede

---

14   Entrevista realizada a Israel Herrejón, encargado del Departamento de documentación a mexicanos y a extranjeros, en el consulado de México en Seattle, 27 de febrero de 2002.

encontrar gente de lugares de que nunca han tenido una tradición migratoria.

2.6 ACTIVIDADES LABORALES DE LOS MIGRANTES MEXICANOS EN SEATTLE

A los mexicanos los encontramos en una diversidad de trabajos, pero aquí es importante recalcar que si se habla inglés las oportunidades de trabajo son mayores y por supuesto, si se cuenta con documentación legal, esto es otro factor importante para encontrar empleo.

Donde los encontramos es en restaurantes: de lava platos, meseros y preparadores de alimentos; limpieza de jardines, en la construcción, recolección de basura, limpieza de oficinas, hoteles, hospitales o en casas y en fábricas de empaquetado de pescado.

Pero si no se cuenta con trabajo se recurre a organizaciones donde se les pueda ayudar a conseguir un trabajo. Esto significa, si se recurre a éstas, los migrantes hacen lo que sea, lo importante es tener un trabajo por unas horas y sacar unos dólares, para sostenerse mientras se encuentra un trabajo más estable.[15]

2.7 HISTORIAS DE VIDA DE LOS MIGRANTES MEXICANOS

Las entrevistas se realizaron a mexicanos de diferentes partes del país, que residen en Seattle, al igual de diferentes edades y estratos sociales. Se trató de mantener la trascripción original. También, se analizó la veracidad con otras personas, fuentes hemerográficas, bibliográficas y personales. En algunos casos a los entrevistados les fue difícil hablar, por diferentes razones, tales como que no están acostumbrados a decir sus vidas y menos a algún extraño, pero en otros casos fue muy interesante disfrutar sus relatos muy extensos.

En las siguientes historias de los migrantes es sobre lo que nos interesa saber, cómo son: sus vidas en los Estados Unidos y en Seattle, experiencias laborales, orígenes migratorios, si han buscado ayuda de alguna organización o del consulado mexicano, las redes sociales que

---

15   Sobre las organizaciones de apoyo lo vamos a exponer en el siguiente capítulo.

tienen en este país, motivos del por qué se encuentran aquí, su tiempo libre y los productos que necesitan de México. En este apartado nos concentraremos en 22 historias de vida de los migrantes mexicanos en Seattle, para así reconstruir lo vivido por ellos mismos en esta zona de los Estados Unidos y con ello, entender y aportar nuevos conocimientos en el fenómeno migratorio.

Foto no. 3 (De izq. A der.) El autor de este trabajo con dos migrantes mexicanos.

"LO PRIMORDIAL ES TRABAJAR, CUANDO UNO PLANEA EN UN FUTURO IR A MÉXICO Y PONER UN NEGOCIO"

José Luís Silva. 49 años.
Originario de Morelia, Michoacán.
Casado, con 4 hijos y con estudios de primaria.[16]

"En México trabajaba en una ferretería entre a ese lugar desde los 13 años y me salí a los 27 años. Mi segundo trabajo fue vendiendo material

---

16   Entrevista realizada en enero de 2004.

eléctrico. Y mi tercer trabajo fue vendiendo lo mismo. Todavía tengo familia en México: mis papas, mi mamá y mis hermanos. Tengo en Estados Unidos desde 1988, Cuando llegué aquí tenía a mis cuñados que tenían más tiempo en Seattle. El cruzar la línea hasta cierto punto fue divertido, porque nunca había venido. Y cuando vienes por primera vez no se me hizo muy difícil.

Pasamos en una noche y fue muy rápido. No fue difícil como dicen que ahora está. Ahora cuento con mi residencia para estar en este país. Nunca he vivido en otros lugares de Estados Unidos. El tipo de trabajos que he realizado es de lava paltos, cocinero, asistente de chef, chef y ahora nos tocó la suerte de tener mi propio negocio.

Siempre me han tratado bien los norteamericanos. El primer lugar donde trabajé hace 8 años para una empresa de mexicanos y los gringos que había de meseros, siempre me trataron bien. A lo mejor porque no había mucho roce, yo estaba de lava platos atrás. Mi vida en Seattle, está muy bien y mi razón de venir a Estados Unidos. Fue como venir a vacacionar y hacer un poco de dinero. Regresar y poner mi propio negocio en México, pero al último me fue absorbiendo este país.

"Cuando llegué a Seattle viví con unos camaradas y para 1993 opté por traerme a toda la familia y renté media casa, pues estábamos viviendo muy apretados. Pero ya en 1994 y 1995 vivíamos más deshogados. En el 2000 pusimos este negocio de comida mexicana y se llama Restaurante Michoacán y en el 2002 compramos una casa, hay que estarla pagando, pero ya contamos donde vivir. En mi negocio me va excelente. Trabajo de 10:00 de la mañana a las 11:00 de la noche. Es decir 91 horas a la semana.

"Las actividades que realizo fuera del trabajo, es trabajar. Pero cuando no trabajo voy a correr en las noches, juego fútbol, veo las noticias y deportes por televisión en español. Me interesa sobre qué pasa en México. En inglés no veo nada. Ha sido mi error, así nunca aprenderé el idioma. Cuento con televisión por satélite. Escucho el radio muy rara vez. Compro libros sobre cocina en los idiomas. Y si encuentro algo interesante que me cultive lo compro. Me gusta inclusive leer libros sobre Historia de México. El periódico lo leo sólo el que traen en mi negocio, que es gratuito. Cuento con Internet en mi casa y mis hijos son los únicos que saben usarlo.

"No tengo tiempo para divertirme. Cuando llegué aquí empecé a tomar clases de Inglés pero después lo dejé porque el trabajo me impedía y también la desidia. Nunca he manejado aquí en Estados Unidos y desde México, siempre he tenido la suerte de tener los trabajos cerca. Mis hijos son los que manejan y no me ha dado por manejar. Cuando voy a centros comerciales, sólo compro productos para el negocio. Pero como trabajo todo el año, no tengo tiempo para comprar.

Foto No. 4 José Luís Silva.

"Lo primordial es trabajar, cuando uno planea en un futuro ir a México y poner un negocio, pero se tiene que tener el capital para iniciarlo. La oportunidad para hacer el capital esta aquí y así regresaría a Morelia e iniciar algo, una fuente de trabajo.

"Mi tiempo libre en México es distinto que aquí. En Morelia trabajaba hasta el sábado, a la una de la tarde salía. Tenía el tiempo para convivir con los amigos, después jugaba fútbol, veía el fútbol en televisión y fiestas. Aquí no se puede hacer lo mismo. Me absorbe el tiempo, no puedo divertirme. Me divertía más en México. Pero hay que pensar en el futuro, porque va llegar la vejez y casi ya esta. De otra manera es trabajar lo que queda, cuando esté más viejo, si no puedo poner un negocio en México, cuando menos vender cacahuates en la colonia (risas). Y quiero preparar a mis muchachos, para que salgan adelante. Me gusta el trabajo que tengo, pero hace falta la convivencia con los amigos, a veces la situación no se puede. No puedo cerrar el negocio por divertirme. Se pierde la clientela. En Estados Unidos hay pagar muchas cosas". [17]

"AQUÍ SE PUEDE AHORRAR UN POCO MÁS, PERO SE PUEDE GASTAR MUCHO MÁS Y ES MÁS FÁCIL GASTAR"

Francisco Reyes Villaseñor.
30 años. Soltero.
Ciudad de México.
Estudios de abogacía.[18]

"Desde los 15 años he trabajado y uno de mis últimos trabajos fue de *disk jockey* en bares y también me dedique a compra-venta de autos. Tengo en Estados Unidos aproximadamente 4 años y he ido y regresado muchas veces. "La primera vez que pase la frontera, traté de pasar sin visa y fue chistoso porque me detuvieron y estuve encerrado como en una oficina donde detienen a los ilegales, la suerte que tuve fue que me detuvieron por dos horas y después me regresaron. Después crucé la frontera porque obtuve una visa de turista por 10 años y todavía creo que me quedan unos 4 años más para que se expire.

"Siempre que voy a México y cuando regreso no tengo problemas para cruzar la frontera. Tengo que mentir, porque, digo que vengo por dos semanas a Estados Unidos. Eso tengo que decir para que no sospechen que viva aquí. Llegué a esta ciudad porque tenía una novia que estaba en la Universidad de Western Washington. Después me gustó la ciudad y pienso que es muy tranquila. A pesar de que a veces es un poco aburrido, pero me gusta. He vivido en Chicago como por un mes. He vivido en diferentes ciudades, mi base es el estado de Washington.

---

17   Conocí a Don José Luís fue por mis visitas constantes a su restaurante Michoacán.
18   Entrevista realizada en enero de 2003.

Foto No. 5 Francisco Reyes Villaseñor.

"Los trabajos que he desarrollado más que nada es en fábrica de empaquetado de pescado, fabricando pantalones y en detallado de carros, que es mi trabajo actual. Casi siempre me han pagado el salario mínimo. No es un buen sueldo. Solo en un trabajo me han pagado bien, fue hace 4 años y era de *disk jockey* en una discoteca.

"Creo que no he tenido problemas de racismo. Sólo he tenido malos entendidos, porque al principio no hablaba bien el inglés y la gente era a veces no muy paciente. Pero creo que sí he sufrido un tipo de racismo. A veces cuando voy a una discoteca y conozco una muchacha y cuando le dices que eres mexicano, tienen un prototipo del ranchero, del que no tuvo estudios, muchos tienen esa idea, porque no conocen todo el tipo de gente que hay en México. Creo que mucho se debe a que en Estados Unidos no se ve esa diferencia entre los niveles económicos en la gente como en México. A veces me ha tocado de que hablo con una americana y son simpáticas, pero cuando digo que soy de México se nota un cambio, no sé, como que se les baja la inspiración. Aunque muchas no son así, no generalizo.

"Aquí se puede ahorrar un poco más, pero se puede gastar mucho más y es más fácil gastar. Muchas cosas las compramos sin necesitarlas. Se puede vivir mejor aquí, pero hay que tener un poco de control en lo que se compra. Cuando se gana más dinero, se siente uno que puedes gastar más dinero y entre más tienes, más quieres. No envío dinero a México. Trabajo de 35 a 40 horas.

"Las actividades que realizo es ver televisión, me gusta ir a un café, solo o con amigos. Me gusta dibujar por un par de horas. Voy a bares por la convivencia de amigos y bailar un rato. Asisto más a sitios donde van los americanos. Cuando voy a lugares donde hay latinos, no tenemos las mismas ideas que yo. Por el tipo de música, a mí me gusta el tecno o dance. A mis amigos latinos les gusta otro tipo de música. Asisto cada semana a lugares para bailar. Tengo tele por cable y sólo veo en inglés, el canal en español sólo me interesa el fútbol. Tengo Internet y sólo estoy en contacto con mis amigos. Soy un poco flojo para leer, no compro libros, menos periódicos. Asisto a clases de inglés y sólo compro cosas en centros comerciales cuando me voy a México.

"Mi actividad principal es practicar con mi equipo de *disk jockey*. En las torna mesas me gusta estar mezclando música. Siempre he tratado de salir del estado en mis días de descanso. Siempre busco alguna ciudad que sea atractiva para mí y disfrutar mi tiempo de descanso. Trato de darme esos lujos, porque es mi premio al estar trabajando tanto. Nunca me he detenido para divertirme. Mi tiempo libre en México, por lo regular nunca trabajé 40 horas por semana. Aquí en Estados Unidos llegas más cansado y allá tienes más energía para hacer mas cosas. Tengo amigos aquí, pero no son amigos muy cercanos, a diferencia a los amigos de México, creo que la gente es más fiel en México.

"No pienso regresar a México. Tengo ganas de estudiar aquí y si esto se da, creo que lo más factible es estar aquí. Tal vez cuando esté más viejo regrese."[19]

---

19 A Francisco lo conocía desde Morelia trabajábamos en un mercado dominical vendiendo discos grabados, a la vez su novia y mi esposa se conocían, por que estudiaban en la misma Universidad en Washington.

¨EMPECÉ COMO TODO LOS PAISANOS LAVANDO PLATOS. POR SUPUESTO YO SABIA QUE NO IBA DURAR MUCHO LAVANDO TRASTES¨

Luís Salvador Castro. 34 años.
Morelia, Michoacán. Soltero.
Con estudios en administración en empresas.[20]

"Después de terminar la universidad, por suerte tuve un buen trabajo, fui gerente de ventas en una empresa. Ahí hice estudios de mercado. Entonces también algo de mercadotecnia. En este momento de mi vida, me accidente, tuve una fractura en mi pierna, estuve casi un año sin trabajar. Hice después un negocio, importaba cosas para carro. La crisis de 1994 afectó mi negocio.

Foto no. 6 Luís Salvador Castro

"Muchos años trabajé como auditor en el gobierno, aprendí muchas cosas importantes. Sobre todo el manejo de presupuesto y personal. Llegué en 1997 a los Estados Unidos a California y después a Seattle. Tengo familia en California y en Chicago. Cuando crucé la frontera por avión y con visa de turista. He vivido en California y en

20   Entrevista realizada en enero de 2004.

Washington. En Seattle tengo un amigo y fue el quien me dijo de esta ciudad. Los trabajos que he realizado en Seattle, bueno cuando llegue no trabaje, porque traía unos ahorros y en 6 meses se agotaron, decidí regresar con mis tíos en California.

"Allá mi tío tiene unos departamentos, trabajaba con él, y pintaba, limpiaba o detalles de mantenimiento. Regresé a México y después volví a Estados Unidos a Seattle. Mi primer trabajo fue en un restaurante, porque allí en ese lugar, tenia otro amigo que era el gerente y el fue quien me recomendó en el lugar.

"Empecé como todo los paisanos lavando platos. Por supuesto yo sabía que no iba durar mucho lavando trastes. Era el proceso de ir avanzando, después fui mesero y cajero. A los 8 meses me propusieron si quería ser manager y lo acepte. Ahora soy coordinador de horarios de la gente y de dar un seguimiento de los problemas que surgen en el restaurante.

"Mi experiencia con los americanos no tengo ninguna queja. Tal vez porque hablo el idioma. Vivo en este país, tengo que aprender cosas, sin perder mis raíces y costumbres que ya tengo. Me gusta aprender cosas y aquí ellos me han ensenado puntos de vista diferentes que no había visto. Mi experiencia ha sido buena. Si he tenido racismo, creo que han sido discretos y no me he dado cuenta de ello.

"Mi vida aquí es solo trabajo e irme de fiesta con mis amigos. La razón de estar aquí es que estaba estancado en mi trabajo en el gobierno en México, no quería ser un mediocre burócrata. Eso fue lo que preferí aventurarme en otros lugares, pero no en mi país. Me gusta experimentar diferentes cosas positivas, por supuesto y aprender, de hecho viaje mucho dentro de México y aprendí bastante.

"En el status que tengo gano bien, en comparación de otras personas o compañeros de trabajo. No me quejo, me alcanza para lo que necesito. Trabajo 40 horas o a veces 60 horas pero ya no se puede hacer tantas horas en el trabajo.

"Casi tengo la misma vida que en México, nada más que ahorro más aquí. Mis actividades fuera de trabajo son ir al gimnasio, me gusta mantenerme en forma, juego fútbol y por supuesto me voy de fiesta cuando puedo. Entonces, aquí las fiestas son muy buenas, encuentras personas muy diferentes. Frecuento centros de diversión donde van los gringos. Pero la comida es la mexicana. De ahí en fuera estoy en lugares de ambiente americanos. En Morelia no fui de ambiente de música norteña o lo que le llaman grupera. Respeto la gente que le gusta esa música. Me gusta la música pop. No tengo televisión. Tengo Internet y estoy en contacto con mi familia. Compro libros en español y en inglés. Compraba una revista llamada Proceso, pero la dejé de comprar, por la impotencia de hacer nada de lo que sucede en nuestro país. Nuestros enemigos, son nuestros políticos. Asisto a bibliotecas, tienen un buen sistema de búsqueda de libros. Me gusta ir a museos, escucho el radio en ambos idiomas, todas las mañanas escucho el noticiero, para saber qué sucede en México.

"Vivo en el país del consumismo, necesito ir de compras, es un vicio de este país en casi como ir a la iglesia. Como ya soy parte de esta sociedad, me he integrado mucho. Compro ropa, es lo que más necesito y música. Compro en tiendas latinas, lo que necesito como, tarjetas telefónicas y productos alimenticios. Como no tengo carro, estoy limitado en el aspecto de largas o cortos viajes. Mi transporte es el camión. Mis amigos son los que tienen carro y ellos pasan por mí, para ir a algún lugar y así es más divertido, puedo tomar lo que quiera. No soy gringo, a mí me gusta la convivencia. A ellos les gusta estar solos. Mis amistades la mayoría son americanos. Son muy pocos los latinos. No envió dinero a México, porque la situación de mi familia es estable.

"El tiempo libre aquí es distinto que en México. Porque el ritmo de vida es muy rápido y allá es mas relajado, más familiar, más cálido, la gente es más amable y la amistad es más estrecha. Allá en Morelia trabajaba 7 horas y me alcanzaba para hacer muchas actividades, como ir a conciertos de lo que fuera, ir con mis amigos, mi vida era la música. Aquí es muy difícil hacer amistad duradera. El sistema es para trabajar. No me quejo de aquí es parte de mi experiencia. La verdad sí me gustaría regresar a México. Con nuestro gobierno, eso que hay 10 millones de desempleados, significa que no voy a regresar y ser parte de la estadística".[21]

---

21   Luís fue uno de los primeros mexicanos que conocí en Seattle. Fue en una fiesta de unas amistades norteamericanas. Desde ese momento le comente que realizaba un proyecto sobre migrantes y acepto en ayudarme. Al mismo tiempo me sirvió en contactarme con otros mexicanos que viven en la ciudad.

"MI TÍO ME DIJO DE SEATTLE, EL ME INVITO A TRABAJAR EN SU NEGOCIO, ES UN RESTAURANTE Y SOY EL COCINERO"

Austreberto Silva. Morelia, Michoacán.
27 años. Casado y con 3 hijos. [22]

"En México nada mas termine la secundaria, trabaje en una panadería y en un hotel encargado del mantenimiento. Envío dinero cada quincena. Tengo 8 meses que llegué a Seattle. Mi primera vez que llegué a Estados Unidos fue en el año 2000. Cuando crucé la frontera hace 8 meses, esta vez me tocó buena suerte, fue más tranquilo y pasé caminando. El cruce fue por Sonoita. Pagué 1, 400 dólares, el coyote lo conecté en Morelia, es amigo de un conocido. Tengo familia aquí en Seattle y California. He vivido en California, en Stockton y en San José y mis trabajos fueron en el campo.

Foto no. 7 Austreberto Silva

"Mi tío me dijo de Seattle, él me invitó a trabajar en su negocio, es un restaurante y soy el cocinero. Me han tratado bien los americanos y no

---

22   Entrevista realizada en enero de 2004.

he vivido el racismo. Mi vida es tranquila, pero a la vez no es tranquila, porque estoy separado de mi familia.

"Es difícil, te tienes que acoplar al trabajo para sobrevivir. Mi razón principal de estar aquí, es sacar adelante a la familia y tener mi propia casa. Vivo bien en Seattle, me alojo en la casa de mis tíos. Trabajo en el negocio de ellos y me pagan bien. Cuento con lo necesario para vivir mejor aquí que en México. Aquí administro bien mi dinero, es más fácil de ahorrar.

"Las actividades que realizo fuera del trabajo es ir al billar y voy al gimnasio. Los miércoles los dedico para jugar fútbol con mis primos y claro con amigos que tenemos y que son de la misma colonia en México. Asisto a cualquier tipo de lugares donde asisten latinos y americanos.

"Tengo televisión por satélite y no cuento con Internet. Leo el periódico del que traen gratis al restaurante. Escucho el radio nada más en español. Asisto a los centros comerciales nada más a comprar tener, porque me gustan mucho y para mis morritos. Envió dinero a México cada 15 días. Allá en México tengo más tiempo para descansar y aquí es todos los días de puro trabajo. Allá tenía diferentes tipos de trabajos y aquí llegué a trabajar a una cocina y esto nunca lo había hecho. Pienso regresar a México en unos tres años, ese es el plan. "[23]

¨ME PAGAN BIEN Y TRABAJO TODOS LOS DÍAS, NO DESCANSO¨

Juan Luís Gutiérrez. 23 años.
Morelia, Michoacán. Soltero.[24]

"Terminé la secundaria en Morelia, trabajaba de albañil, carpintero y de pintor. Tengo dos meses que llegué a Estados Unidos. Mi experiencia al cruzar la frontera fue muy dura. Fue muy difícil la pasada, fue por el cerro, pasé por Sonoita. Pasamos puros cerros y no había agua. Duramos un día y medio, pagué 900 dólares y el coyote lo contacté en Morelia.

---

23   A Austreberto es cocinero del restaurante Michoacán y por mis constantes visitas nos hicimos amigos.
24   Entrevista realizada en enero de 2004.

Foto no. 8 Juan Luís Gutiérrez

"Tengo familia en Estados Unidos. Es mi papá, tíos y primos. Están en Indiana y California. Viví en Los Ángeles y ahora en Seattle. Mi cuñado me dijo de esta ciudad. No tenía una idea de aquí, He trabajado en Estados Unidos en tiendas de ropa en Los Ángeles y donde se hacen cajas de cartón. Me pagaban a 6,57 la hora. No era fijo el día, era dependiendo cuando te ocupaban.

"No he sufrido racismo. Me gusta mi vida en Seattle. La razón principal de venir aquí es ayudar a mi papá. Actualmente trabajo de lava platos y ayudo en la cocina. Me pagan bien y trabajo todos los días, no descanso. Aquí en Estados Unidos me alcanza bien mi dinero a diferencia de México.

"Me gusta jugar fútbol, voy al gimnasio, visito lugares donde van los latinos, como bares o cantinas. No tengo televisión escucho el radio en español. Lo que necesito más es ropa y tenis, no voy a museos, ni bibliotecas, no compro el periódico. Nada más trabajo.

"Mi actividad principal después del trabajo es hacer ejercicio, nunca salgo de la ciudad, mis amistades son de México. Envío dinero a México cada 15 días. Aquí casi no salgo, allá en México, sales a diferentes lados. Pienso regresar a México si se puede en unos 3 a 4 años."[25]

"LA RAZÓN PRINCIPAL DE VENIR A ESTADOS UNIDOS FUE EL DESEMPLEO EN MÉXICO. AQUÍ HAY MÁS OPORTUNIDADES"

Leonel Suárez. 37 años. Ucareo, Michoacán.
Casado y con 2 hijos.[26]

"Estudié hasta segundo año de preparatoria y trabajé un tiempo en la central de abastos vendiendo frutas. Todavía tengo a mis padres en Michoacán y mis hermanos. Tengo viviendo en los Estados Unidos. 17 años, llegué en 1986. Cuando crucé la frontera, fue una experiencia muy desagradable. Me agarraron y me trataron mal. Ahora tengo familia que vive en este país son dos de mis hermanos, pero ellos están en Atlanta, Georgia. Cuento ahora con documentos para estar en este país.

"He vivido en otros lugares de Estados Unidos como en Anaheim, California. Un hermano me dijo de Seattle. Aquí en esta ciudad he trabajado en diferentes cosas, como en restaurantes, fábricas y ahora tengo mi propio negocio que es un restaurante.

"Al principio los americanos no me trataron bien. Después un poco mejor, porque, ahora cuento con mi propio negocio y antes era empleado, creo que puede ser la diferencia. Mi vida en Seattle, es muy rutinaria, pero está bien no me puedo quejar. La razón principal de venir a Estados Unidos fue el desempleo en México. Aquí hay más oportunidades. En mi trabajo actualmente me va muy bien, gracias a Dios. Cuento con lo necesario para vivir.

"Las actividades que realizo fuera del trabajo es jugar fútbol y dedicarles tiempo a mis niños. Voy a misa los domingos, visito lugares donde hay latinos y americanos. Tengo televisión por satélite y veo en ambos idiomas, tengo Internet, compro periódicos en español. Nunca asisto a bibliotecas o museos. Escucho el radio solo en español, nunca voy a centros comerciales, sólo cuando compro ropa nada más. Compro en

---

25 A Juan lo conocí en el restaurante Michoacán, donde tenía pocos días de haber llegado a Seattle.
26 Entrevista realizada en enero de 2003.

tiendas latinas, lo que necesito es chiles y diferentes productos mexicanos, a lo que estoy acostumbrado a comer.

Foto no. 9 Leonel Suárez y familia.

"Casi no salgo de la ciudad. Las amistades que tengo es todo tipo. Aquí la rutina te atrapa, no te alcanza el tiempo para hacer otras cosas y necesitas organizarte muy bien. En México siempre tengo tiempo para hacer muchas cosas y si Dios me da licencia algún día regresaré a México, en unos 20 años tal vez."[27]

"ME GUSTA LA VIDA EN SEATTLE, A DIFERENCIA DE MI PUEBLO ES MEJOR, EXTRAÑAS A LA FAMILIA Y ACTUALMENTE VIVO MUY FELIZ"

Erasto Rosas Silva. 19 años.
Zinapécuaro, Michoacán. Soltero.[28]

"En México nada más terminé la secundaria y también trabajaba de albañil. Mi familia sigue en México, tengo seis hermanos, mis papás y mis abuelos. Tengo 6 meses que llegué a Estados Unidos. Cuando

---

27   A Leonel lo conocí por mis constantes visitas a su taquería llamada Morelia.
28   Entrevista realizada en enero de 2003.

pasé la frontera, fue muy difícil, sufrí mucho, duré tres semanas para pasar. Crucé por San Luís Río Colorado, pagué hasta Seattle 2 mil dólares. Pensaba cuando iba cruzando que ahí quedaba, que moriría en el desierto. Me agarró la policía como tres veces. Tengo hermanos aquí y ellos tienen dos años viviendo en Seattle.

"El trabajo que tengo ahora es en al cocina. Me gusta la vida en Seattle, a diferencia de mi pueblo es mejor, extrañas a la familia y actualmente vivo muy feliz. Me pagan bien y trabajo 13 horas diarias.

Foto no. 10 Erasto Rosas Silva

"La verdad no salgo a nada, sólo voy a restaurantes mexicanos, pero no tengo tiempo de hacer otras cosas. No asisto a clase de inglés. Nada más veo televisión y en español. Después de trabajar lo único que quiero es ir a dormir. No me alcanza el tiempo para nada. El domingo lo que hago es ir a misa, hablo a México y voy de compras a las tiendas. Aquí siempre tengo dinero para hacer estas cosas, me alcanza para muchas cosas y envío dinero a México cada 15 días. En México me siento más libre, en las tardes saliendo de trabajar me iba a hacer muchas cosas. Pienso regresar a México en unos tres años."[29]

---

29   A Erasto lo conocí por que era cocinero en la taqueria Morelia.

"EN SEATTLE ME DI CUENTA COMO UNA AVENTURA, PORQUE TRAJE A MI HERMANO, POR QUE A EL, LE OFRECÍAN UN TRABAJO"

Raúl García. 31 años.
Oaxaca, Oaxaca.
Soltero.[30]

"En México terminé la preparatoria y también trabajé en el campo, cultivaba maíz. Tengo en los Estados Unidos 10 años. La primera vez que crucé la frontera, fue muy fácil y fue por Tijuana. Mi cuñado me mandó una persona para que me cruzara. Cuando llegué la única persona que conocía en Estados Unidos era mi cuñado. No cuento con documentación legal. He vivido en diferentes estados California, Idaho y Washington.

Foto no. 11 Raúl García.

"En California trabajaba en el campo en un empaque de tomate, en Idaho en una fábrica de papas y en Seattle me di cuenta como una aventura, porque traje a mi hermano, porque a él, le ofrecían un trabajo. En esta ciudad el único trabajo que he hecho es de cocinero. Casi

---

30   Entrevista realizada en enero de 2004.

no me mezclo mucho con el americano, realmente no me han hecho daño. Siempre he sido pacífico y muy respetuoso con las personas.

"Mi vida en Seattle es muy tranquila y mi razón principal de estar aquí es la economía y vivir un poco mejor, me gusta estar aquí, es agradable. Me pagan a 9 dólares la hora y trabajo 8 horas diarias. Cuento con lo necesario para vivir, mejor que en México. Lo único que hago es deporte, veo TV en español e inglés, escucho el radio en mi idioma y siempre estoy en contacto con mi familia en México. Leo el periódico sólo en español, nunca salgo fuera de la ciudad, sólo voy a bares los fines de semana, con mis amistades de México. La vida cambia aquí sólo te la pasas trabajando, allá en México nos divertíamos mas y no sé cuándo regrese para México."[31]

"AQUÍ VIVES UNA VIDA RUTINARIA. Y SI PIENSO REGRESAR A MÉXICO, PERO NO SE CUANDO"

Maira Álvarez. 25 años.
Ciudad de México.
Soltera.[32]

"Estudié turismo técnico y programación analista. Tengo 4 años en Estados Unidos estuve tres días en Tijuana tratando de pasar y pagué 1,500 dólares hasta Seattle, pase caminando y llegue a San Diego, ahí estuve como 8 días y de ahí a Seattle. Siempre he vivido aquí, y aquí tengo a mi hermano y unos primos. Siempre desde que llegue he trabajado en Taco bell.

"Mi vida en Seattle es muy buena, mi razón de estar aquí es de trabajar. No me pagan mucho, trabajo 40 horas a la semana. Aquí tengo todo lo que necesito, compro lo que yo quiero.

"Me gusta ir a lugares donde hay latinos y americanos. Veo mucha tele en español, compro libros en ambos idiomas, hablo cada semana a México, compro periódicos y revistas en español. Cuando voy a centros comerciales es sólo para comprar ropa y cuando voy a tiendas latinas compro tarjeta telefónica y comida.

---

31   A Raúl lo conocí por que también era cocinero de la taqueria Morelia.
32   Entrevista realizada en enero de 2004.

"En mi tiempo libre la actividad primordial es hacer ejercicio o ver televisión. Lo que más frecuento es restaurantes mexicanos en mis días de descanso. Envío dinero a México cada 15 días. Aquí vives una vida rutinaria. Y si pienso regresar a México, pero no sé cuándo."[33]

"PASE POR AGUA PRIETA, SONORA. PAGUE 1,400 DÓLARES AL COYOTE, HASTA SEATTLE"

Reina García. 30 años.
Soltera. Toluca, Estado de México.[34]

"Nada más estudie la carrera de cultura de belleza. Tengo familia aún en México. Llegué hace 5 meses a los Estados Unidos. Cuando crucé la frontera fue un poco difícil, porque según nos iban a recoger los coyotes y no llegaron, nos quedamos en el desierto por una noche y sentí horrible estar ahí. Pasé por Agua Prieta, Sonora. Pagué 1,400 dólares al coyote, hasta Seattle. El coyote conocía a mi primo y por eso me salió más barato.

"Tengo una tía, una prima y tres primos aquí, esa es mi familia en este país. Ellos tienen mucho tiempo viviendo en Seattle. Siempre he trabajado en restaurantes en Taco bell y unas horas en Jack in the Box. Trabajo 36 horas a la semana. Me gusta mi vida en Seattle. La razón principal de estar aquí, es que no hay dinero en México.

"La diferencia que veo aquí es que no tengo a mi familia. No hago nada fuera del trabajo, lo que hago es ver televisión y es en español. No asisto a clases de inglés. Lo que hago es ir a centros comerciales y compro ropa. En las tiendas latinas, lo que ocupo es tarjetas telefónicas, pan, dulces, entre otras cosas. Envío dinero a México cada mes. No me gusta hacer nada, mi tiempo libre es diferente aquí, pero en México también casi no salía y pienso regresar a México en unos 2 años."[35]

---

33   A Maira la conocí gracias a buen amigo boliviano que era el manager de un taco bell. Le comente sobre mi proyecto y el me dijo que donde trabajaba había muchos mexicanos laborando. Gracias a el, me relacione con muchos trabajadores y entreviste algunos que aceptaron apoyarme.

34   Entrevista realizada en enero de 2004.

35   A Reina la conocí en el restaurante taco bell.

"MI VIDA ES DIFERENTE AQUÍ, ME GUSTA MÁS, PERO NO TENGO A MI FAMILIA, PERO ES MEJOR"

Josefina Sierra Fuentes. 31 años.
Madre soltera, con una hija de 9 años.
Victoria, Estado de Puebla.[36]

"Estudié en México hasta la primaria. Allá no hacia nada, mi ex marido me mantenía. Llegué hace 3 años, crucé la frontera por Agua Prieta, Sonora. Ahí nos agarró la migra dos veces; pagué el coyote como unos 1,800 dólares hasta Seattle. La familia de mi ex marido vive aquí, por eso yo llegué aquí. El tipo de trabajos que he tenido es el Taco bell y Kentucky fried chicken. Mi vida es diferente aquí, me gusta más, pero no tengo a mi familia, pero es mejor.

"Mi razón principal de estar aquí es juntar dinero para construir mi casa en México. Vivo con todo lo necesario, me pagan más o menos y trabajo 37 horas a la semana.

"Casi no salgo de mi casa, veo mucha televisión. Compro periódicos de México y los que hay aquí en español, en Ingles no compro nada. El radio sólo escucho en mi idioma, asisto a tiendas latinas y lo que necesito es comida o música. Mis amistades todas son hispanas y envío dinero cada mes a México.

"Mi tiempo libre es distinto aquí, porque no hay nada qué hacer, es decir, mucho que hacer y en México tenia la libertad de divertirme. Pienso regresar en unos 5 años."[37]

"MI PRIMO FUE QUIEN ME DIJO DE SEATTLE Y NOS VENIMOS AQUÍ DE AVENTURA"

Juan González. 38 años. Soltero. Jalapa, Veracruz.[38]

"Estudié gastronomía y coctelería. Toda mi familia está en México, tengo 6 años en este país. Tuve muchos problemas, primero llegué a Miramar, California y de ahí fui subiendo al norte. En aquel tiempo está barato (sic) el coyote y pagué 00 dólares. No tengo familia aquí,

---

36   Entrevista realizada en enero de 2004.
37   A Josefina la conocí en el restaurante taco bell.
38   Entrevista realizada en enero de 2003.

sólo he vivido en Los Ángeles y Seattle. Mi primo fue quien me dijo de Seattle y nos venimos aquí de aventura. Cuando llegué a Los Ángeles trabaje para un amigo, en una tienda donde vendían chamarras de piel y botas.

Foto no. 12 Juan González.

"Actualmente trabajo para una compañía de partes de carros, tengo que recoger las partes, eso es mi trabajo. Algunas veces los americanos me han tratado bien, no me quejo. Mi vida en Seattle es un poco calmada, fue difícil adaptarme. Ahora tengo una novia americana y vamos a tener un bebé y estoy feliz por eso.

"Mi razón principal de venir aquí, es que en México, si tienes alguna buena carrera o buen trabajo, ganas buen dinero. A mí me tocó la suerte de no encontrar trabajo y tienes que buscarle y este país te da más oportunidades. Mi vida ha estado muy bien, tengo las oportunidades y las aprovecho. Ahora estoy feliz de tener trabajo y por esa razón me mantengo en el que tengo. Tengo lo necesario para comprar lo que necesito y los servicios que tengo que pagar.

"Trabajo 40 horas a la semana. Frecuento de todos los lugares donde hay gente de todos los países. Cuando visito a mis amigos aprovecho a ver los canales en español, porque yo no tengo televisión. Me gusta leer los periódicos en español que son gratuitos.

"Me gusta visitar bibliotecas porque a mi novia le gusta leer libros y aprovecho a leer también. Escucho radio en ambos idiomas. En mi tiempo libre la actividad principal es sacar a mi novia a llevarla al cine y visitar mis amistades que son de muchos países. No envío dinero a México, porque necesito el dinero aquí, estoy adaptado a vivir aquí, no creo regresar, trataré de ahorrar para regresar algún día."[39]

"MI VIDA EN SEATTLE ES TRANQUILA Y SEDENTARIA. FUERA DE PROBLEMAS, MI VIDA DE REBELDE YA PASO"

Mauricio Rosales. 29 años.
Soltero. Ciudad de México.[40]

"Terminé en México la preparatoria y trabajé como mecánico. Tengo aún familia en México y tengo 10 años en Estados Unidos. Cuando crucé la frontera tenía 18 años, tomé la cruzada como una aventura, una forma más de incrementar mis conocimientos y mi experiencia en la vida. De ahí me dediqué a vivirla en aquel entonces, por lo cual mi experiencia migratoria, basada en las experiencias de los demás no tiene ninguna relevancia. Todos hemos pasado lo mismo en una y otra forma. Pasé por Tijuana, pague el coyote y cobraron alrededor de mil dólares.

"En aquel entonces tenía un par de familiares en Seattle. He vivido en otros lugares de Estados Unidos por un tiempo en Los Ángeles. He trabajado en la carpintería, en la restauración de muebles antiguos. No cuento con documentos para estar en este país. En Seattle he trabajado de labrador, carpintero, cocinero y en diferentes aspectos de lo que es la comida rápida, tanto servicio al cliente como producción y también he sido jefe de los mismos. He desarrollado servicio social en la educación, cuando me encontré como auxiliar o asistente de maestro en clases de español para americanos.

---

39   A Juan lo conocí por que era cliente de la taqueria Morelia. En dicho lugar el dueño exhibía partidos de fútbol y peleas de box. en dichos eventos le comente sobre mi proyecto y acepto a ser entrevistado.
40   Entrevista realizada en enero de 2004.

"Hasta el momento no he sufrido racismo, segregación o mal trato por los americanos. Más que nada todo eso es psicológicamente de uno mismo. Uno se siente inferior y eso se refleja en el americano.

"Mi vida en Seattle es tranquila y sedentaria. Fuera de problemas, mi vida de rebelde ya pasó en este momento me dedico a pensar en mi vida en pareja. En llegar a formar un hogar, una familia y ahora es diferente mi vida. Mi razón de estar aquí en este país, es solamente para mi engrandecimiento socio-cultural, conocer más de mí mismo, diferentes formas de pensar, de gente, fuera de lo que era mi núcleo social en aquel entonces.

"En mi trabajo me va muy bien y trabajo entre 35 a 40 horas. No estamos educados culturalmente para entender nuestra situación y nadie tiene la capacidad de cómo educar. Aquí te das cuenta de lo que ocurre en nuestro país y hasta el momento no he visto ningún cambio para llevar a cabo ese cambio que se nos prometió. Son tres anos del cambio, para llevar ese impacto que se prometía desde el principio. Pero recordemos que tuvimos el PRI y el cambio no tiene experiencia y los gobiernos extranjeros lo están presionando. El nuevo gobierno no tiene la capacidad de decidir la situación del país. He llegado a ver mi patria en otra forma. Bien dice la canción "más allá se llora de tu tierra cuando, lo ves desde afuera."

"Las actividades sociales las he eludido, un poco por cuestiones de horario de trabajo; deportivos ni en México las realice. En algún momento haré este tipo de cosas. No creo en grupos religiosos, tengo mis creencias y soy fiel a ellas. Conozco varias organizaciones que apoyan al migrante como el Centro de la Raza, Casa Latina y Nueva Jornada.

"Los lugares donde hay latinos los frecuento muy de vez en cuando, por evitar peleas y problemas. Me gusta convivir con los americanos, porque son más abiertos en todo sentido, social, sexual, cultural, son muy liberales. En este estado me he encontrado con gente, en la cual no discriminan, me llevo bien muy bien con ellos y así vivimos contentos.

"Veo mucho cine de oro mexicano. En Internet me informo de lo que pasa en el mundo y en especial Latino América. Lo que veo en la red mundial es sobre lo que somos, sobre mi país, mi cultura y mi sangre.

"No soy dado a la lectura, tiene que ser de alguien muy renombrado para así leer. La mayoría de la comunicación busca el lado oscuro. Asisto de vez en cuando a museos y bibliotecas. El radio no lo escucho, no me gusta. El único momento que asisto a un centro comercial es cuando necesito vestimenta, *hobbies*, como un programa de computadoras. Por lo general veo televisión en ambos idiomas. Lo que veo más son películas.

"Visito tiendas latinas para comprar alimentos, bebidas o juegos de mesa que me gusta jugar. Mi actividad primordial en mi tiempo libre, en este momento me he convertido en lo que se llama o se llamaría, a una persona en estar tirada en el sillón, de ahí no hay nada más. Mi horario de trabajo es demasiado difícil, ya que tengo un turno nocturno y diurno y prefiero estar durmiendo o relajándome.

"Soy una persona muy hogareña, si salgo es por algo que realmente me interesa. De otra forma no soy dado a salir fuera de la ciudad. Envío muy poco dinero a México, apoyo cuando se necesita. Uno mismo hace su tiempo, si estás dispuesto a llevar una vida nocturna, estás dispuesto, también a sacrificios y eso es en todo mundo. Tú haces tu tiempo para la diversión, etc. Nada se involucra con lo otro, esta en ti mismo. Yo vine a este mundo a aprender algo y cuando lo realice será el momento de regresar a mi tierra y ser enterrado ahí." [41]

"ESTOY EN ESTE PAÍS PARA TENER DINERO, PERO PAGAS UN PRECIO, CUANDO DEJAS A TU FAMILIA SOLA"

Miguel Santiago. 74 años.
Casado. Jerez, Zacatecas. 12 hijos.[42]

"Estudié la primaria y no la terminé. Mi trabajo en México era el campo y lo que sembraba era maíz y calabaza. Tengo 45 años viviendo en los Estados Unidos. Fue muy fácil cuando crucé la frontera, tenía 15 años. Ahora soy residente de este país. He vivido en Los Ángeles, Corona, California y ahora en Seattle.

---

41   A Mauricio lo conocí gracias a mi buen amigo boliviano José Luís. En muchas reuniones en la casa de mi amigo boliviano conocí a muchos mexicanos y gente de otras partes de América latina.
42   Entrevista realizada en 2004.

"Estoy en este país para tener dinero, pero pagas un precio, cuando dejas a tu familia sola, mi esposa ya no está conmigo y mis hijos ya no me hablan. No quieren saber de mí. Es el precio por estar aquí. Tengo 4 años viviendo en Seattle. Estoy aquí porque mi trabajo es el mantenimiento de un mercado y ellos me invitaron a trabajar aquí, a esta ciudad. Me han tratado muy bien aquí. Trabajo 40 horas a la semana. Fuera del trabajo, para mi edad, lo único que hago es acostarme, no hago nada. No sé si regrese a México, *maybe*."[43]

"NUNCA HABÍA BUSCADO UN TRABAJO O SIMPLEMENTE NUNCA HABÍA TRABAJANDO EN MI VIDA."

Marco González de 24 años.
Soltero. Morelia, Michoacán. [44]

"No tengo familia en los Estados Unidos, todos están en México. Siempre he vivido en Morelia. He ido y venido muchas veces a los Estados Unidos aproximadamente 7 veces. La primera vez que vine fue hace unos siete años a vivir y trabajar, aquí en Seattle.

"El permiso que tengo para trabajar es falso, me vine con una visa de turista. Mi visa expiró y no he regresado a México. Pasé directamente en avión aquí a Seattle. Anteriormente he estado en diferentes lugares de este país como son Florida, Nueva York, Colorado, Texas, California, Illinois y por supuesto Washington. Conozco unos 30 estados de los 50 que son, he viajado mucho en carro y en avión. Pero mi residencia permanente es Seattle.

"He tenido diferentes tipos de trabajos en esta ciudad, como son en pintar casas, lavado de carros, la limpieza de hoteles, metiendo pescado en cajas de cartón en los barcos que llegan a Seattle. Actualmente trabajo en un restaurante soy quien limpia las mesas, ayudo a los meseros y a los clientes. Mi trabajo se ubica en el centro de esta ciudad.

---

43   A Don Miguel, lo conocí en mi trabajo en el mercado de Whole Foods. Don Miguel, era un tipo muy callado, fue difícil obtener información de su vida. Lo incluyo, porque al término de esta pequeña conversación, pero significativa plática, Don Miguel, se soltó llorando. Esperando el regreso a Zacatecas. Pero me comento que su familia, ya no lo quería de regreso y eso lo ponía nostálgico y triste.
44   Conocí a Marco González, gracias a que Luís Castro es su amigo. Fue él quien nos presentó, para que lo entrevistara.

"Me enteré de Seattle, de la siguiente manera, estaba estudiando inglés en una escuela en Morelia, donde había estudiantes de intercambio, la mayoría norteamericanos que provenían de Seattle y así conocía gente del estado de Washington. En mi casa vivieron estudiantes por periodos cortos, de diferentes universidades del estado de Washington y en particular de Seattle. Entonces fue que empecé a tener amigos y contactos con esta ciudad y después vine de vacaciones a visitar a algunas personas que habían vivido en Morelia. Me invitaron y vine cuando tenía vacaciones en mi escuela. Así fue como llegué por primera vez. La segunda vez decidí quedarme a trabajar teniendo amigos de aquí y siempre llegué solo a los Estados Unidos.

Foto no. 13 Marco González.

"Mi primer trabajo que tuve cuando llegué a Seattle lo recuerdo muy bien, porque fue una experiencia diferente, nunca había buscado un trabajo solo o simplemente nunca había trabajado en mi vida. Entonces con la necesidad de buscar trabajo y no contar con dinero, fui a pintar casas, con un amigo americano estudiante de la Universidad de Washington, lo conocí en una fiesta en una de las casas cerca de la universidad. Me enteré de que él se dedicaba a pintar casas, que tenía su propio negocio y él me dijo que necesitaba personas que le ayudaran.

"Entonces como estaba buscando trabajo y me faltaba dinero, le dije que le podía ayudar y que necesitaba trabajo. Me dijo que me daba trabajo al día siguiente. En ese momento le dije que no tenía permiso para trabajar en Estados Unidos. Y él me dijo que no había problema, que podía trabajar con él, siempre y cuando no dijera a nadie. El me iba a pagar en efectivo al término de cada semana de trabajo. No tenía experiencia en este tipo de trabajo. Los primeros días no sabia qué hacer, tenía muchas preguntas, pero él me ayudó es una persona muy amable. Es un amigo que me hizo fácil el aprender a hacer bien el trabajo.

"Mi vida en Seattle, es puro trabajo de 5 a 6 días por semana, tiempo completo. Trabajo entre 30 a 40 horas a la semana. Mis actividades en esta ciudad son ir al cine, ir a los bares, escuchar música, teatro, bibliotecas, eventos deportivos, me gusta mucho jugar y observar los deportes como el béisbol, basket ball y fútbol americano. He tenido la oportunidad de asistir a estos eventos y conciertos de diferente tipo de música. Trato de leer libros, conocer gente y de otras culturas, trato de aprender cosas de este país.

"Llegué a vivir a la casa de un amigo que conocí en Morelia. El fue a estudiar español por unos meses, me invitó a vivir en su casa. Su casa se encuentra en el barrio llamado Madrona. No pagué renta por algunos meses, hasta que encontré trabajo. Después empecé a pagar renta de 200 dólares al mes y fue una casa muy grande, con todos los servicios y me la pasé muy bien. La relación con mi amigo y su familia era muy buena, unas amistades con quien se puede contar.

"Actualmente vivo en la colonia First Hill, está cerca del centro de la ciudad. Rento un departamento, en el cual vivimos dos personas, con quienes vivo son de México. Tenemos televisión, computadora, contamos con todos los servicios y pagamos 600 dólares al mes. Es muy pequeño el departamento, pero tiene buena ubicación, está cerca de donde trabajo, tan solo a tres cuadras y en esta unidad habitacional viven personas de diferentes países.

"Todo el tiempo que he estado en Estados Unidos afortunadamente nunca he tenido ningún problema ni con americanos y ni con gente de otros países. Siempre ha sido muy tranquilo por ese lado. Ni en el trabajo y en el lugar donde he vivido no he tenido problemas.

"Mi familia está en México. Soy el único de mi familia que está en los Estados Unidos. Aquí estoy persiguiendo mis metas y extraño mi familia. Les llamo una vez a la semana. Al mes como 5 a 6 veces. No envío dinero, todo lo uso para mí. Últimamente he enviado dinero para que abran una cuenta de banco, para que cuando regrese abrir un negocio o algo que quiera en un futuro. Lo mando por un servicio llamado "sigue", en una tienda que tiene ese servicio de envíos a México, tarda un día nunca ha fallado, es un buen servicio.

"Hace unos años asistí a una escuela comunitaria a aprender inglés, por tres meses y estudié un poco de computación. Cuando tenga la oportunidad sí pienso hacerme ciudadano. Por las facilidades que hay en este país y no pierdo la nacionalidad mexicana.

"Conozco varias organizaciones de apoyo al migrante como el Centro de la Raza, el cual dan apoyo con permisos de trabajo y lo más importante es que dan comida gratis. Otra cosa también es que dan información de la ciudad sobre dónde se ubica la comunidad de habla hispana.

"El cónsul de México en Seattle es el señor Jorge Madrazo. Si sirve el consulado porque se venció mi visa, entré de Canadá a Estados Unidos sin visa y fui arrestado y enviado a prisión donde permanecí un mes y el Consulado Mexicano de veras que sí me ayudó. Me visitaron como 3 o 4 veces por semana, hablaron conmigo para darme información de mi caso, personas muy sensibles sobre mi caso, me ayudaron mucho, recuerdo esa experiencia y el consulado sirve también para sacar tu pasaporte, matrícula consular y cómo traer artículos para vender. Tengo algunos amigos de Michoacán y de México, que trabajan conmigo y de otros lugares los he conocido.

"Necesito productos mexicanos como tortillas, las compro en una tienda americana. La única tienda que asisto es donde envío el dinero. Se ubica en el sur de la ciudad, se llama Discoteca los 3 reyes. Visito muy seguido restaurantes mexicanos como son la Taquería Morelia donde hacen buena comida como si estuvieras en México. Ha sido difícil acostumbrarse a la vida y al trabajo de este país. El estilo de vida americano lo he sobrepasado."[45]

---

45   Entrevista realizada el 22 de febrero de 2002.

"EL MOTIVO DE ESTAR EN ESTADOS UNIDOS ES PARA DARLES UNA OPORTUNIDAD A MIS HERMANAS DE TERMINAR SU CARRERA."

Guadalupe Ayón. 30 años. Casada.
Originaria de Morelia, Michoacán.[46]

"Todavía tengo familia en México, mis papás y mis hermanos. Nací en Morelia y siempre viví ahí. Tengo dos hijos de 8 y de 12 años. Tengo siete años de estar en los Estados Unidos. En el año de 1992 vine, luego me regresé y de nuevo en 1995. No tengo documentos para estar en este país.

"La primera vez que pasé la frontera fue por Tijuana en un carro. Estaba viviendo en Los Ángeles, trabajaba en una organización no lucrativa y de mesera. Mi tía tiene como 15 años viviendo en California, le dije que si me podía ir a Estados Unidos para trabajar para ayudar a mis hermanas y ella me trajo.

"En Seattle nada más he trabajado en una organización de apoyo al migrante. El motivo de estar en Estados Unidos es para darles la oportunidad a mis hermanas de terminar su carrera, es decir apoyarlas económicamente. Mi esposo me dijo de Seattle, yo estaba trabajando en Los Ángeles y después me vine a esta ciudad. Y esa fue la forma que nos venimos a Seattle. Estuve una vez aquí y me gusto mucho la ciudad, es muy diferente a Los Ángeles.

"Me vine por parte de mi trabajo, que es Casa Latina. Después mi esposo ya estaba aquí y se dio todo. La organización me trata muy bien, primero tengo un compromiso muy grande con dicha organización, me gusta la misión que tiene, es desarrollar líderes, personas que no han tenido en sus países la oportunidad que se hagan profesionales. Y así tener una mejor estabilidad económica. Entonces de alguna manera he tenido el beneficio de esa misión, porque el trabajo que realizo no lo sabía hacer y lo aprendí cuando entré a trabajar. Sé hacer otras cosas y ahora ya mi inglés es muy bueno.

"La organización te paga una cierta cantidad de dinero que tiene para entrenamiento y tú lo puedes gastar en lo que tú quieras. Por ejemplo

---

46   Por estar en contacto frecuente con Casa Latina, fue como conocí a la señora Guadalupe Ayón.

lo he gastado en mejorar mi inglés. Entonces estoy tomando clases particulares que la organización está pagando.

"Mi vida en Seattle es muy aburrida. Porque no tienes tiempo de hacer las cosas que a ti gustan, de darte tiempo a ti como persona, ir de paseo con tu familia, no puedes hacer nada. La vida es de tu casa, trabajo y mis hijos. Cuando llegué por primera vez fue en Burien, en un departamento. Ahora vivimos cerca del aeropuerto, en una casa.

"No he tenido problemas con la gente de aquí y con el racismo, es depende como lo entiendas. Para mí todo es subjetivo, puedo decir que no, pero a lo mejor sí. Por ejemplo, me he sentido mal cuando no hablo inglés con personas que hablan inglés, pero eso es frustración que nada tiene que ver con racismo. Creo que no he sufrido racismo.

"Lo que hago los fines de semana es ir al parque con mis hijos, de hecho no tenemos muchas actividades fuera de la casa, porque los fines de semana los usamos para hacer la limpieza de la casa. Le llamo a mi familia y envío dinero cada mes por "Western Union". Asistí a la escuela comunitaria a tomar clases de inglés por un año. Nunca he pensado hacerme ciudadana de este país, eso no ha pasado por mi mente. Tengo contacto con gente de Michoacán y de todo México que es el 95% de las personas donde trabajo. Donde trabajo es en Casa Latina. Por esa razón tengo contacto con el Consulado de México en esta ciudad, nunca he recurrido al consulado.

"Los productos que necesito de México son tortillas, mole doña maría, chiles en vinagre y piloncillo. Cuando voy de compras es en tiendas americanas. Compro una vez al mes y estas tiendas son mas baratas las cosas y ahí hay productos mexicanos.

"No pienso regresar a México, por que tengo aquí a mis hijos, regresar para allá implica para mis hijos inestabilidad. Aquí asisten a clases y todo está en inglés; sería empezar para ellos de nuevo sin nada de español. Lo hablan pero en la casa. Tengo mi trabajo, mi casa y mi familia aquí. Creo que tengo una vida muy estable y cómoda.

"A mí me gusta el trabajo social, me gusta ayudar a la gente y me gustaría trabajar con los niños latinos, porque me doy cuenta que necesitan ayuda en la escuela. Mi proyecto es conseguir tutores latinos, pero que sepan el sistema educativo norteamericano. No me gustan los

Estados Unidos y no me asimilo; creo que no tienen cultura. Pero aquí estamos, qué podemos hacer."[47]

"MI VIDA EN SEATTLE ES MUY MARAVILLOSA, ES MUCHO MEJOR."

Saúl Alcázar. 37 años.
Apatzingán, Michoacán.
Casado. 4 hijos.[48]

"Tengo en Estados Unidos desde 1979. Mi motivo de venir, casi nada, la pobreza. Pienso que todos los estamos por acá es por la misma razón. Antes de venirme tenía familia, mis hermanos, ellos se encontraban en Oregon desde los setentas. Un hermano me trajo. Cuando llegué fue a California, pasé por Tijuana. La frontera le he pasado de ilegal como unas treinta veces, 20 por Tijuana y las demás por Nogales. Ahora cuento con residencia. Después subí más al norte al estado de Oregon, donde he radicado por más tiempo. En este estado tuve diferentes tipos de trabajos, en una fábrica de partes de computadora, en una tintorería y recolectando fresas.

"En Seattle tengo más de dos años, aquí tengo a mi esposa y mis tres hijas. Me vine acá por que mi hermano me dijo de que en Seattle había buenos trabajos y bien pagados. El tenía como seis meses antes de venirme. También me dijo que él tenía un trabajo y que podía meterme al mercado donde ahora trabajo. Mi trabajo es en una cocina, preparo ensaladas. Es el único trabajo que he hecho en esta ciudad. Mis patrones me tratan muy bien.

"El problema que tengo ahora es que me fracturé mi espalda cuando estaba trabajando en la cocina donde estoy trabajando. Me redujeron mis horas de trabajo. Es menos dinero, pero creo que la compañía me va ayudar, es lo bueno de tener seguro de accidentes. Lo bueno que también trabaja mi esposa.

---

47   Entrevista realizada el 27 de febrero de 2002.
48   Las entrevistas con Saúl Alcázar se realizaron en su casa y en el trabajo. Nos conocimos en el trabajo, en el mercado donde el autor trabajaba. Desde ese momento llevamos una buena amistad. También me ayudó a conocer lugares donde se reúnen los mexicanos y en particular en un centro nocturno, ubicado en el norte de esta ciudad llamado Fiesta Mexicana. Este lugar me sirvió para contactar con más gente de Michoacán.

"En mis trabajos siempre he sido muy callado, no me gustan los problemas. Pero en todos los trabajos que he tenido, en uno me trataron mal. Todo fue por tratar de que no se cayera una televisión, por eso me fracturé una mano. Los americanos que ahí trabajaban por ellos me corrieron (sic) porque dijeron que no tuve cuidado, me quejé con el supervisor y lo bueno de esto es que los demás gringos que me echaron la culpa también los corrieron. Nunca digo nada cuando veo que me tratan mal, yo por la necesidad de trabajo.

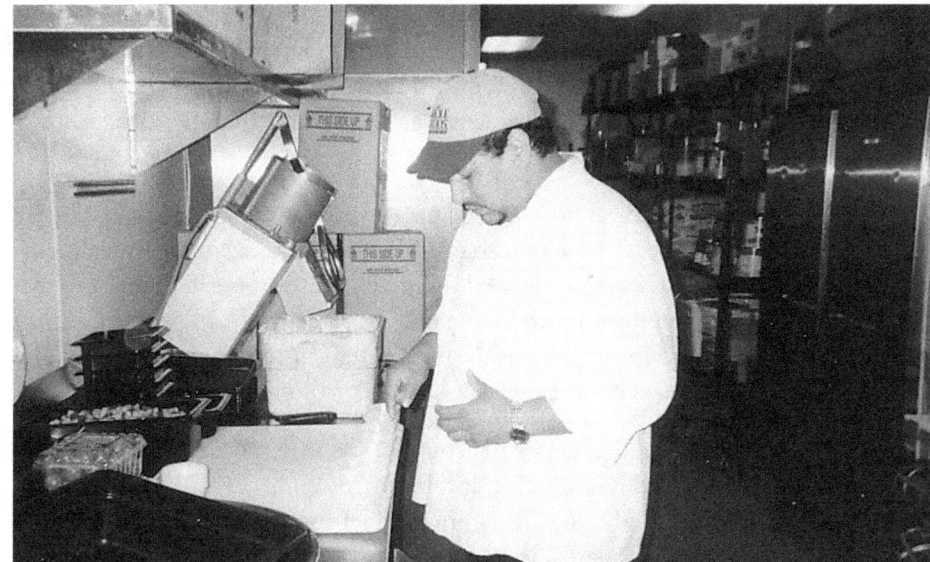

Foto. no. 14 Saúl Alcázar.

"Mi vida aquí en Seattle es muy maravillosa, es mucho mejor. Tengo un buen trabajo. Mi esposa y yo trabajamos y nos ha ido muy bien. Cuando llegué aquí, viví en la colonia Magnolia, en el norte de esta ciudad. Después nos cambiamos donde ahora vivimos y se llama Crown Hill. En Seattle no he tenido problemas con los americanos o con otras personas de otras razas. Al contrario de Oregon, allá no quieren a los mexicanos. Por ejemplo cuando en un bar en Oregon hay muchos mexicanos, siempre hay muchos policías al momento de que sales, cuando hay más güeros ni se paran. Lo digo esto porque así lo viví cuando estuve por allá.

"Los fines de semana me gusta ir al mar a pescar, jugar pelota, andar con mi familia y vamos a centros comerciales. Tenemos televisión por cable. A mí familia les hablo de vez en cuando y no les envío dinero. Nunca he asistido a clases de inglés. Si Dios quiere me hago ciudadano, es mejor para mí y mi familia. Entonces visitaría más México. Nunca he pedido ayuda a organizaciones. Pero sí sé quiénes son los de Casa Latina y los del Centro de la Raza.

"Conozco gente de México, porque me gusta ir a lugares donde van los paisanos, por ejemplo hay un lugar donde vivo que se llama Fiesta Mexicana, ahí cada fin de semana hay grupos que traen desde México.

"Los productos de México que necesito son las galletas de animalitos, las salsas valentina y búfalo, chiles en vinagre de la marca que sean, manteca aceite la torre y las tostadas. Las compro en tiendas latinas y americanas y no son caras las cosas.

"No pienso regresar a México, he tratado de adaptarme no puedo, no estoy a gusto y no hay trabajo. Mis proyectos a futuro en este país es comprar una casa. Mi vida es mejor desde que llegué a Seattle, tengo más dinero, compro lo que quiero, tengo tres carros, lo que antes deseaba ahora lo tengo, mis hijas estudian, tomo cuando quiero, allá no me daba esos lujos, gracias a Dios he salido adelante.

"En Michoacán de veras sufrí mucho, me acuerdo de que le hacía de todo. Vendía paletas, chicles, lavaba carros en la calle, vendía periódicos me acuerdo el que vendía era El Tiempo de Apatzingán, juntaba basura, boleaba zapatos, le hacía como el de la película el mil usos, eso sí, menos de prostituto (risas)."[49]

"LA CLASE DE TRABAJO QUE TENGO NO LO QUIERE NINGÚN GÜERO."

María Alberto. 45 años.
Casada y originaria de Apatzingán, Michoacán.[50]

---

49   Entrevista realizada en 2001-2002.
50   Entrevista realizada en 2002. La señora María la conocí en mi segundo trabajo. A los dos nos tocaba lavar platos y a las tres semanas que entré nos cambiaron a la sección de ensaladas. Porque según el "manager" de la cocina merecíamos estar en esa sección, por "hard workers". Esto provocó algunos descontentos contra los mexicanos que estábamos trabajando en la cocina, en especial con los refugiados etíopes, ellos ya tenían mucho tiempo en el mercado y estaban presionando por tener esas posiciones.

"Tengo 8 hijos, seis nacieron en México y los dos últimos en Estados Unidos. Siempre hemos vivido en Oregon, pero desde hace 3 años cambiamos a Seattle. La razón es que a mi marido le dijeron que aquí pagan mejor y hay más trabajos. Todos tenemos papeles para estar en este país.

"Cuando llegamos fue difícil encontrar dónde vivir. Nos dimos cuenta por parte de El Centro de la Raza de que había un programa del gobierno en apoyo de familias de bajos recursos. El apoyo es de una cuarta parte del dinero de la renta. Esto nos ayudo mucho, para ahorrar dinero y así irnos a México.

"El primer trabajo que tuve en Seattle fue "dish washer", me tratan bien en el mercado y pagan a 9 dólares la hora. Cada tres meses te aumentan un dólar. Este trabajo que tengo es muy bueno, pero estoy buscando otro porque necesito más dinero. Tengo mucha familia que mantener. Mi marido tiene dos trabajos uno de jardinería y en las noches trabaja de mariachi, donde lo soliciten. También mis dos hijas mayores trabajan. Una de ellas ya no quiso estudiar y se salió de la "high school" a ella le gusta más trabajar que estudiar. Pero siempre le estoy diciendo que regrese a estudiar, para que cuando esté vieja sea alguien, no como yo, que no pude estudiar. Ellas tienen la oportunidad de estudiar en este país, hablan bien los idiomas. La otra de mis hijas sí asiste a escuela y trabaja, eso, así está bien, ni quién diga algo.

"El trabajo que hago aquí en el mercado me gusta mucho, mejor que los que he tenido. Uno de los trabajos que hacia en Oregon en una fábrica cociendo ropa, era muy cansado. Ahora lavo platos, es mucho mejor para mí, pagan bien y es menos peligroso que en la fábrica que trabajaba. Aquí tengo dos días de descanso y en mis trabajos en Oregon no los tenía.

"La clase de trabajo que tengo no lo quiere ningún "güero". Desde que llegué a trabajar aquí han entrado como 30 personas y ninguno "aguanta" el trabajo, por eso lo que yo digo se hace, cuando necesito algo el "manager" sabe que trabajo duro. Sólo los mexicanos aceptamos estos trabajos y aguantamos el ritmo. La zona donde vivimos es en el sur de Seattle casi cerca del aeropuerto, está bien la zona; existe una ayuda del gobierno donde apoyan con el 50% de la renta, con esto ahorramos dinero para comprar carros y muebles, estos los vendemos en México".[51]

"EN SEATTLE IMPARTO CLASES DE MI TÉCNICA."

Vicente Montañez, de 37 años y divorciado.
Morelia, Michoacán.[52]

"Tengo dos hijos de 3 y 7 años. Mi primera esposa está en México y mi segunda esposa vive aquí. Soy moreliano y siempre viví ahí, excepto unos meses en San Miguel de Allende, Guanajuato. Tengo 9 años viviendo en los Estados Unidos tengo papeles y ahora soy ciudadano.

"Cuando pasé la frontera pasé por Tijuana, después llegue a Los Ángeles, para así llegar a Seattle. Mi trabajo es de artista, pero llegué trabajando en restaurantes. Uno de los primeros trabajos que hice, como artista fue titulado Ritual Maya, lo dirigí y lo presenté en un festival que hubo en esta ciudad, hace como unos cinco años. Soy actor profesional e imparto clases de mi técnica.

"Mi motivo de venir a los Estados Unidos fue que mi esposa es de aquí, pero claro acarrea cosas que te apasionan. Tengo familia aquí en los Estados Unidos pero no tengo contacto con ellos.

"Siempre he estado informado, como artista supe que Seattle era una de las ciudades más nuevas y con auge cultural, tenía una curiosidad de conocer esta ciudad. Decidí venir por mi esposa. No busco el dinero, sino busco cosas más espirituales a través del arte, es decir soy un artista de 100%.

"Mi vida aquí es muy tremenda, estoy tratando de vivir de artista. Desde que llegué mi vida ha sido muy bizarra. Llegué con todas las

---

51   Entrevista realizada el 13 de abril de 2001.

52   Como conocí a Vicente Montañés fue gracias a mi buen amigo Luís "guicho" Castro. "Guicho" le comentó que el autor de este trabajo necesitaba michoacanos para entrevistar y con gusto nos recibió con unas cervezas y unos buenos tamales, en su departamento y estudio, donde realiza sus proyectos de teatro. A partir de esta entrevista, nos invito a su proyecto de teatro donde él es director de los actores, coreógrafo y director musical. La mayoría del personal de esta obra (en inglés) de teatro son norteamericanos. Donde en el día de la presentación fue un lleno total y al final hubo buenos elogios para Vicente. Y platicando con algunos de los actores reconocen su labor como director y por supuesto como mexicano.

facilidades sin ningún problema, viviendo con una familia americana, en esa forma pude entender el inglés y sus tradiciones de esta sociedad.

"Actualmente vivo en un departamento, en el centro de esta ciudad. No llamo a mi familia en Morelia. Asistí una temporada al "Community College" a clases de inglés. Esto fue, como unos seis meses de clases intensivas.

"Me hice ciudadano por circunstancias sociales, realmente estás formando una vida, tienes que hacer un contrato con la sociedad. No estoy en contra o en favor de la sociedad, simplemente sé que si quiero algo, tengo que tener un compromiso por ese sentido lo encontré. Soy ciudadano del mundo, no necesito un papel que me diga que pertenezco a esta tierra y más que no soy una persona fanática, soy realista, soy artista, trabajo para el arte y para dignificar la paz social.

"No me interesan las organizaciones, nunca me ha servido el consulado y no pido ayuda a otras personas. No tengo contactos con gente de México, soy muy solitario. La gente que viene aquí es gente de campo y luego se va, los profesionales estamos en las ciudades. Perdidos como yo, pero ahí estamos.

Foto no. 15 Vicente Montañez

Foto no.16 Vicente Montañez en uno de sus proyectos de teatro en Seattle.

"Creo que necesito de todo, el producto visionario, el cultural, de comunicación, de alguna forma necesito de todo, otra vez en lo mismo soy universal. En lo cultural es lo que mas extraño de México. Mi vida en Michoacán era de actor, fui parte de la organización del Festival Internacional de Pantomima y fui gente activa en el movimiento artístico en el estado.

"Ahora en Seattle imparto clases a actores, he tenido problemas con la gente, por ejemplo, ellos tienen (los estadounidenses) entusiasmo y creatividad, pero tienen un desconocimiento cultural. En el proceso de crear están acostumbrados de que todo lo tienen hecho, hay un momento de que cuando les expones algo, ellos tienen que pensar y crear por sí solos y les cuesta trabajo, no todos, te encuentras con gente muy centrada y proyectada. He encontrado eso elementos, ahora los entreno y les enseño, porque desconocen la forma del proceso teatral. Tengo un proyecto y se llama Oda to Icarus, trabajan cerca de 100 personas. Hay bailarines, músicos, actores, productores de cine, etc. Mi trabajo consiste en entrenar a los actores y en la dirección de la obra. Siento que aporto algo con mi personalidad, pero creo en ese sentido me vuelvo universal, hispano parlante, cuando estás aquí no todos son de Morelia, no todos son de México, me gusta ser mas general, más Latino."[53]

"QUIERO HACER ALGÚN DINERO, COMPRAR UNA CASA Y UNA CAMIONETA PARA SEGUIR TRABAJANDO EN EL CAMPO."

Miguel Díaz. 25 años. Casado.
Originario de Nueva Italia, Michoacán.[54]

"En Michoacán mi trabajo es ordeñar vacas y sembrar maíz. La leche que obtengo la vendo en una fábrica para que lo hagan en quesos. Pero la cosa es que no sale para mantener la familia, por eso vengo a los Estados Unidos. Tengo dos hijos, de 3 años y otro de 17 meses. Toda mi familia está en Michoacán, aquí en Estados Unidos tengo a mi hermana y a mi cuñado. Siempre he vivido en Nueva Italia. En el año 2000 vine a Seattle por primera vez, estuve siete meses.

---

53   Entrevista realizada el 12 de marzo de 2002.
54   Entrevista realizada en 2002. Como conocí a Miguel Díaz fue gracias a Saúl Alcázar que es su cuñado. Saúl trabajaba conmigo en el mercado. El me platicaba todos los días de que era un problema para Miguel pasar la frontera en Nogales. Esto fue a fines de mayo, cuando no podía pasar. Pero con la suerte que tuvo, como así lo dice Miguel, pudieron a pasar sin ningún problema de que los agarrara la migra. Saúl le prestó dinero para que pagara el coyote, y fueron 1,600 dólares, desde Phoenix, Arizona hasta Seattle. Cuando llegó Miguel, Saúl me dijo que si quería entrevistarlo. Claro que acepté la invitación. Esto fue al segundo día de que acababa de llegar. Transcurrieron más de tres semanas sin que encontrara trabajo Miguel. Para esto Saúl me dijo que si lo acompañaba a buscarle trabajo a Miguel. Les comenté de Casa Latina, pero dijo que quería algo más estable. Porque allí se sortean los trabajos y es difícil que se tenga suerte de agarrar empleo y aparte muchos paisanos van a solicitar trabajo. Bueno, para esto les recomendé ir a un centro comercial cerca de la Universidad de Washington. Fuimos a varios restaurantes ubicados en esa zona y todos le pedían papeles para trabajo o que hablara inglés. Al siguiente día optamos en seguir buscando, y se nos ocurrió arriesgar en el mercado donde trabajábamos. Según nos habían dicho los jefes de que tal vez necesitaban una persona para lavar platos. Anteriormente yo había recomendado a dos amigos que conocí en clases de inglés, un boliviano y un veracruzano. Ese día llegamos al mercado y llenamos la solicitud de empleo. La "manager" del mercado nos vio llenando la solicitud y nos dijo que si necesitaban trabajadores. Pero como Miguel no habla inglés, ayudé como traductor y fue aceptado en el mercado, como lava platos. Este es un ejemplo de redes de amistad y de paisanaje. El jefe de la cocina me decía, es difícil encontrar gente para trabajar, por eso te digo de que nos ayudes en recomendarnos trabajadores. Y es claro que ningún norteamericano quiera un trabajo de "dishwasher', solamente los latinos y africanos (refugiados de Etiopía) aceptan este tipo de trabajos. Este es el ejemplo en el mercado donde trabajaba.

Foto no. 17 Miguel Díaz.

"La primera vez que pasé la frontera fue por Tijuana y esta segunda vez fue por Nogales. La primera que pasé no tuve problemas, pero ahora pasé caminando por el desierto, de veras ya no vuelvo a pasar así, no se lo recomiendo a nadie. Esa vez sentía que me moría, por no tomar agua en horas. Pagué 1,600 dólares hasta Seattle. Los coyotes nos trataron mal a todos, a unos los golpearon, porque no caminaban rápido, según ellos.

"Pasamos unas 31 personas, todos éramos mexicanos, pero 5 eran de Brasil. A un brasileño lo golpearon porque se le perdió el teléfono de su familiar, lo que hicieron los coyotes fue regresarlo golpeado a México y sin su dinero. Duramos tres días en el desierto, después llegamos a Phoenix, ahí estuvimos como unos 15 días.

"El trabajo que hice la primera vez en Seattle fue de lavar carros y en un estadio levantaba la basura. Mi motivo la primera vez fue que quería conocer los Estados Unidos y ahora es para hacer algo de dinero. El esposo de mi hermana me dijo de Seattle, cuando ellos iban de visita a México. Como ya había venido una vez, me animé de nuevo a venir.

"Mis patrones en mis primeros trabajos me trataron más o menos bien. A veces me decían que los mexicanos no servían para nada. Eso nos decían, porque ellos querían las cosas a cierto tiempo y uno se llevaba más tiempo y el patrón se enojaba porque ya quería irse a su casa.

"Mi vida en Seattle, no sé cómo vaya a ser, estoy recién llegado, pienso que va estar mejor que la vez pasada. Llegué con mi hermana y mi cuñado la vez anterior y ahora también. Ellos viven en el norte de esta ciudad, en Crown Hill. Cuando estaba hace dos años me gustaba ir de pesca, aquí está cerca el mar, también ir a los parques. Esto lo hacia en mis días libres. A mi familia le mandaba dinero cada 15 días, ahora no sé, no tengo trabajo.

"Nunca fui a clases de inglés, creo que ahora sería muy bueno tomarlas. No me interesa hacerme ciudadano, nada más estoy de paso en este país. Creo que sirve de algo el consulado, cuando estaba, saqué mi matrícula consular y con eso saqué mi identificación de Washington. Las tortillas es lo que ocupo de México, las de aquí no están buenas, pero las compro; también necesito refrescos, cervezas y los cigarros, los de aquí no me gustan, lo que quiero son los faros. Pienso regresar a México a fin de o a principios de próximo año. Lo que junte de dinero quisiera comprar una casa y unas tierras en Nueva Italia."[55]

Segunda parte, de esta entrevista, debido a que Miguel encontró trabajo en un mercado, después de buscar por un mes.[56]

"Donde trabajo ahora me pagan muy bien a 9 dólares la hora y me dijeron que cuando tenga un mes trabajando me van a subir un dólar. Me tratan bien, aunque no hablo inglés me doy a entender. Ahora envío dinero cada quince días a mi familia. En mis ratos libres los dedico a dormir, salgo muy cansado, es que termino a las 11:00 de la noche. En estos días tal vez entro a clases de inglés, es que es difícil comunicarse con la gente. También no sé si traerme a la familia, es que me dicen de que está difícil la situación, realmente no sé qué hacer. Todos los días estoy muy estresado pensando en la familia. La cosa es esperar y tratar de seguir adelante".

---

55   Entrevista realizada el 3 de abril de 2002.
56   Entrevista realizada el 28 de julio de 2002.

"QUIERO ENTRAR A ESTUDIAR A LA UNIVERSIDAD DE WASHINGTON, QUIERO SER DOCTOR."

Héctor Jacobo de 18 años.
Soltero y originario de Morelia, Michoacán. [57]

"No tengo familia en Estados Unidos, toda está en México. Tengo en los Estados Unidos dos años y medio. Tengo mis documentos en regla y es la llamada "green card." Cuando pasé la frontera fue con mi papá, él me trajo de Morelia a Tijuana y después llegamos a Los Ángeles. Mi papá siempre ha vivido en California. Cuando llegué a este país tenía 15 años y me salí de mi casa, mi papá no sabe en dónde estoy.

"Mi papá es ciudadano al igual que sus papás, ellos tienen años viviendo en los Estados Unidos y por esa razón yo tengo documentos en regla.

"Cuando me salí de mi casa, no sabia a dónde ir, de hecho de Los Ángeles me fui a Las Vegas, ahí estuve por tres meses, no hice nada en esa ciudad. La razón fue que no podía trabajar y no hablaba inglés. Estaba viviendo en la calle, después escogí una ciudad y esa fue Seattle. La forma de enterarme de esta ciudad fue por que un amigo que conocí en Morelia y el vivía en Seattle.

"Así que cuando llegué a Seattle no tenía casa, vivía en una casa para niños que no tenían padres o que se habían salido de sus casas. Esto era por parte de una iglesia, ahí estuve como un mes. Después encontré un trabajo en un restaurante, el dueño era chino. Así hice un dinero y rente un departamento. Entonces encontré a mi amigo de Morelia y nos cambiamos juntos. Actualmente vivo en un departamento en la zona de la Universidad de Washington.

"Otro de los trabajos que tuve aquí, fue de "dish washer" en un restaurante que se llama European Restaurant. Al principio fue difícil, porque no hablaba inglés, necesitaba de otras personas que ahí trabajaban para traducirme lo que querían los del restaurante. La dueña me trató bien y le gustó cómo trabajaba, de hecho nos comunicábamos mejor después de un tiempo ya cuando hablaba mejor el inglés.

---

57   Héctor Jacobo fue el primer michoacano que conocí en Seattle, en mi primer trabajo.

"Mi vida en Seattle está muy bien, tengo todo lo que necesito. Ahora estoy en la escuela y voy a graduarme en agosto. Estoy en el "Community College", para ser enfermero. Los fines de semana tengo que trabajar, de hecho todo el tiempo me la paso estudiando y trabajando. La carrera que tengo es bastante difícil, tengo que estar estudiando todo el tiempo. Después que terminé como enfermero, quiero entrar a estudiar a la Universidad de Washington y quiero ser doctor.

"En Seattle algunas personas blancas se ponen celosas, porque tú haces o tienes más éxito que ellos. Esto me está pasando en la escuela, hay gente que está celosa de mí. Tengo buenas calificaciones y están tratando de sacarme del programa.

"Les mando dinero a mi familia, sólo cuando cumplen años mis hermanas o cuando hay algo qué celebrar. Hablo por teléfono cada tres días a Morelia. Estudié en un centro bilingüe, estuve por dos semanas, después entré a la "High School" en Rainier Beach y ahí estuve por un semestre y al último me cambié a otra prepa que se llama Roosevelt y ahora al "Community College".

"Una vez solicité el apoyo de El Centro de la Raza, es que necesitaba para que me ayudaran a entrar a la escuela. Ellos me guiaron que debía hacer y yo no pude seguir asistiendo porque era muy lejos de donde vivía, es difícil andar tomando tres camiones para llegar a ese lugar.

"En una ocasión solicité algo del consulado, para tramitar mi cartilla militar, todavía no me la dan, estoy esperándola.

"Mis planes cuando me gradúe, quiero ser traductor, porque hay mucha gente que no habla inglés y que necesita ayuda médica. Quiero ser médico y ayudar a la gente que lo necesite. Aquí en Seattle casi no conozco gente de México, solamente como a seis, que son de mi trabajo. Cuando necesito productos de México, los compro en tiendas mexicanas y necesito de todo. Quiero regresar a Morelia a ver a mi familia y traerme de vacaciones a mis hermanas. Cuando me gradúe, va ser más fácil."[58]

---

58   Entrevista realizada el 24 de abril de 2002.

"SI TUVIERA MÁS CONCIENCIA DE LO QUE IBA VIVIR AL MOMENTO DE PASAR EN ESTE PAÍS, NUNCA ME HUBIERA VENIDO."

Alejandro Vázquez de 23 años.
Soltero, originario de Morelia, Michoacán.[59]

"Mi familia está en Morelia, aquí vivo con mis tíos y mis primos. Tengo exactamente dos años en Estados Unidos no tengo papeles, soy ilegal. Cuando pasé a este país fue por Tecate, Baja California.

"Los trabajos que hecho es desde lavar platos, jardinería, construcción y actualmente trabajo en un restaurante que se ubica en Freemont (norte de Seattle). Mi principal motivo de venir a Estados Unidos es como todas las personas de México a trabajar, hacer dinero y conocer este país.

"Al momento de llegar a los Estados Unidos es que mi tía está en Chicago, es una hermana de mi mamá. Pero por dinero, no pude ir para allá. Entonces me dijeron que una tía estaba aquí en Seattle, y ella me dijo si quería irme y dije "órale".

"Si tuviera más conciencia de lo que iba vivir al momento de pasar en este país, nunca me hubiera venido, ni modo estoy aquí, que se puede hacer. Cuando me vine aquí, nos venimos tres amigos de Morelia, uno vive aquí y el otro se regresó a México.

"Mi primer trabajo en Seattle fue en una compañía que hacia pastas para los mercados, preparábamos ensaladas y cortábamos verduras. Cuando entré me pidieron mis papeles la "green card" y el seguro social. Entonces se dieron cuenta de que no tenía y los que les enseñe eran falsos. Cuando los vieron, se empezaron a reír y me dijeron ni modo a trabajar.

"Nunca he sufrido racismo. Aunque he tenido problemas con los chinos, en mi trabajo nos ven como inferiores, porque somos lava platos y no hablamos inglés. Creo que se sienten mucho, porque se creen ciudadanos. Con otras personas no he tenido problemas. Mi vida en esta ciudad, es muy tranquila. A mi edad hay muchas diversiones y

---

59   El entrevistado lo conocí en el restaurante Michoacán.

perdición, aunque en México también existe. Me la se llevar bien, puro trabajo y no hago otras cosas.

"Actualmente vivo con mis tíos en la colonia que se llama Ballard en el noroeste de esta ciudad. Me gusta conocer el área donde vivo, salgo a ver los alrededores de esta ciudad y otras partes de Washington, como Bellevue o Lynwood. Lo único que me gusta hacer es ir a la biblioteca a leer.

"Mando dinero a mi familia cada que puedo, es decir cada 15 días. Hablo por teléfono cada semana. Tengo televisión por cable. Ahora estoy en clases de inglés en la escuela comunitaria, conoces gente de otros países. No quiero hacerme ciudadano, quiero regresarme a México.

"Creo que sirve de algo el consulado, muy pocos mexicanos sabemos para qué sirve. Cuando llegué fui a sacar mi matrícula consular. Tengo muy pocos amigos de México me la paso más con mis primos de Morelia.

"Cuando necesito productos mexicanos, los compro en tiendas latinas. Lo que necesito es chocolate abuelita, aceite, Knor suiza para las sopas y pan que hacen ahí en esa tienda. Todo lo compro en mi Tiendita Latina.

"No sé cuándo regrese a México, pero ya quiero regresar. Por lo pronto seguir trabajando y aprender inglés".[60]

---

60   Entrevista realizada el 18 de mayo de 2002.

"El mensaje es de cuando me vine al norte."

Voy a marcharme
Y dejo lo que más quería
Dejo a mi madre
Que es la que me dio la vida.
Llego el momento
De la triste despedida
Se quedan aquí
Pedacitos de mi vida.
Ahora estoy en los Estados Unidos.
Y me llega la melancolía
Le pido a dios
De regresar algún día.
Que vuelva a mirar
Esa calle, esa esquina
Amigos de siempre
De toda la vida.

AUTOR: JOSÉ LUÍS SILVA. FEBRERO- 2002. MIGRANTE MICHOACANO.

CAPITULO 3

ORGANIZACIÓN SOCIAL DE LA MIGRACION

Me propongo en este apartado abordar la organización social de la migración, para que se entiendan las diferentes formas de redes sociales, tales como de parentesco, de amistad y de paisanaje, y analizar el desarrollo de las mismas; también veremos cómo cuando no se cuenta con acceso a las redes existen centros de apoyo al migrante que le brindan ayuda al momento de llegar a un lugar donde no se conoce a nadie. Estos centros de apoyo auxilian en comida, hospedaje, transporte, trabajo, clases de inglés y entre otras cosas que necesita el recién llegado.

Cuando el migrante se inserta al mercado de trabajo de la ciudad de estudio, sus prioridades cambian, por ejemplo, que se recurra al Consulado mexicano para tramitar documentos que se requieren. Uno de los documentos con mayor demanda, es la matrícula consular. Esta sirve para tramitar una identificación del estado de Washington. Por ejemplo, se usa para abrir una cuenta en el banco o como identificación si en algún caso es detenido por la policía, esto es por citar algunos ejemplos que le pueden suceder al migrante.

3.1 REDES MIGRATORIAS

Las relaciones de parentesco, amistad y paisanaje se entrelazan en una red social que proporciona a los migrantes un valioso recurso de adaptación a un medio ambiente extraño. A través de los sistemas de relaciones circulan gente, bienes e información, creando una relación social entre comunidades de México y Estados Unidos; las redes permiten al migrante en el extranjero conseguir trabajo, alimento, ayuda, transporte y un contexto social, y han hecho de la migración internacional un factor básico en la vida social y económica de México. Estas redes sociales extensas no se crearon de un día para otro; surgieron gradualmente como un movimiento migratorio que va más allá de los individuos e incluye un amplio sector de la comunidad.[1]

Los migrantes que cuentan con documentos para estar en los Estados Unidos son la base de las redes sociales que apoyan la migración. Pero los migrantes con residencia permanente en Estados Unidos, no forman toda la red social de apoyo a los nuevos migrantes. Por lo tanto la fuerza de la red radica en los que retornan cada año y que tienen conocimiento de la forma de pasar la "línea", informes de "coyotes", itinerarios de autobuses, costos de viaje y sobre todo, contactos para la obtención de empleo. Como se ve, la mitad del flujo migratorio a Estados Unidos depende de la continuidad de la red social tanto de migrantes estaciónales como de permanentes, aunque la tendencia es a depender más de los primeros que de los últimos. Esto es así porque en general los migrantes con residencia establecida en Estados Unidos tienden a ser más urbanos, a obtener empleos mejor pagados en fábricas y servicios, usualmente sus hijos hablan inglés y están en menor o mayor grado integrados a la vida cotidiana y a la cultura del norteamericano. Esto hace apartarse y diferenciarse de los nuevos migrantes.[2]

El parentesco forma parte del sustrato fundamental de la organización social de la migración, con los vínculos más seguros dentro de todo el sistema. Las relaciones más fuertes se dan entre padres e hijos migrantes, que enfrentan un ambiente hostil y extraño y han desarrollado equipos bien establecidos de ayuda mutua en Estados Unidos, práctica que trasciende el mismo tronco familiar. Cuando los hijos crecen y forman sus propias familias, los padres pueden viajar con ellos al norte, compartiendo las penalidades y riesgos de la vida indocumentada. Esta experiencia compartida fortalece los lazos paternales y filiales y se desarrolla una nueva relación entre padres e hijos migrantes, relación que llega hasta la comunidad y el hogar. A lo largo de sus vidas los padres e hijos migrantes comparten información y experiencias, y se ayudan mutuamente.[3]

---

1   Massey, Douglas (otros). "*Los Ausentes. El proceso social de la emigración internacional en el occidente de México*. CNCA/Alianza editorial. México. 1991. p. 179.
2   López Castro, Gustavo, *La casa dividida*. op. cit. pp. 78-80.
3   Ibidem, p. 171.

Entre los hermanos existe un continuo intercambio de favores y ayuda, que no pueden ser medidos sólo en términos de dinero. Otro lazo familiar de singular importancia en el sistema migratorio es el que se da entre tíos y sobrinos. Por lo tanto, a los sobrinos se les da preferencia sobre otra relación. Entre los primos hay una fuerte identificación familiar que se refuerza con las prácticas tradicionales de corresidencia y ayuda mutua entre hermanos. Fuera de estas relaciones, la opción más viable de ayuda mutua se basa en la amistad.[4]

Los lazos de amistad forman también parte de la manera en que se organiza socialmente la migración; esto es importante porque los lazos de parentesco no son suficientes para sostener la gran ola del flujo migrante; se requiere incorporar otros tipos de relaciones sociales. Los lazos más estrechos fuera de la familia son aquellos que se dan entre personas de la misma edad que han vivido cerca, que jugaron juntos y comparten su experiencia formativa en la escuela, la iglesia o grupos deportivos. Las relaciones establecidas durante la niñez y la adolescencia adquieren relevancia cuando los jóvenes llegan a ser emigrantes, a su vez, la experiencia migratoria fortalece los lazos de amistad.[5]

Los amigos que se encuentran compartiendo la migración internacional se ayudan el uno al otro en varias formas: encontrar un departamento, compartir información sobre trabajos, juntar sus recursos y pedir o prestar dinero. Aunque inicialmente se concentra entre personas de la misma edad, la amistad se extiende gradualmente a otras generaciones, ya que los migrantes de todas las edades están unidos por la experiencia común de vivir en un medio ambiente extraño.[6]

Otra de las redes sociales que sustentan la migración es la que se organiza en torno al paisanaje; como paisano se entiende al coterráneo del mismo país, o lugar del otro. Es pues un concepto amplio y un tanto complejo, involucrando desde parientes y amigos, hasta los simples "conocidos", es decir los que son ubicados, pero que necesariamente comparten afectiva o sentimentalmente el mismo lugar de origen, o que tengan algún vínculo afable o amistoso. Para muchos los paisanos

---

4   Ibidem, p. 172.
5   Ibidem, p. 173.
6   Ibidem, p. 173.

si se ayudan ya sea económicamente, con alojamiento, para conseguir trabajo, con la comida y con los servicios.[7]

Pero cuando las redes hacen el favor de ayudar al migrante, debe de existir reciprocidad por parte del ayudado, y en caso que no regresé la ayuda, existen sanciones sociales; tanto en México como en Estados Unidos. Por ejemplo, hablan mal del migrante y de su familia.

Otro punto importante también es cuando el migrante llega a los Estados Unidos por invitación de las redes, y estas resulten que no pueden ayudarle, el migrante tiene que buscar otro tipo de ayuda. En algunos casos el favor se tiene que regresar a quien lo hizo, algunas veces en especie o con dinero.

3.2 ORGANIZACIONES DE APOYO AL MIGRANTE

Cuando los migrantes llegan a esta ciudad y no cuentan con un sistema de redes migratorias, ya sean de amistad, paisanaje o familiares, pueden recurrir a organizaciones donde los apoyan; es decir, estas organizaciones colaboran en buscarles trabajo, dependiendo del tipo de trabajo que sepan hacer, cuanto tiempo es el indicado para que trabajen y no existan abusos por parte de los contratistas. También se les ayuda en conseguirles casa, comida, ropa, dinero para transportarse o si tienen familia con guardería para los niños, clases de inglés, doctores, esto es por citar algunos ejemplos. Estos servicios son gratuitos.

En la ciudad de Seattle existen organizaciones muy importantes como son Casa Latina y el Centro de la Raza. Al igual existen organizaciones religiosas donde se apoya al migrante.

3.3 CASA LATINA

Casa Latina comenzó por activistas del a comunidad latina en enero de 1994, con la meta de dar voz al número creciente de trabajadores de origen latino, que se encuentran sin hogar y sus vidas son en las calles de Seattle. En los primeros cuatro años, los programas eran educativos, se desarrollaron con una filosofía de la educación popular donde la gente identifica sus propios problemas y propone soluciones para

---

7   Fernández Guzmán, Eduardo. "*La migración de un pueblo michoacano: El caso de Huandacareo*". UMSNH. Tesis de Licenciatura en Historia, Morelia. 1995. P. 176.

resolverlos. Desde 1994, más de 350 trabajadores latinos han mejorado su habilidad de negociar el trabajo y defender sus derechos. Para el año de 1999, se registraron 2,000 trabajadores que solicitaron ayuda, se expidieron 17,782 trabajos temporales, 472 trabajadores fueron colocados en trabajos permanentes. Con un sueldo mínimo de 8.00 a 9.40 dólares por hora.[8]

Foto no. 18 Centro de trabajadores de Casa Latina.

Esta organización, cuenta con tres programas y son los siguientes: el centro de trabajadores, este apoya a los migrantes en brindarles trabajo, se abre desde las 6 de la mañana hasta las 12 del día. Como segundo lugar se encuentra el programa de clases de inglés y el programa para las mujeres.

Uno de los activistas que organizaron Casa Latina y actualmente el coordinador de los trabajadores, es el señor David Ayala, originario de El Salvador, residente de esta ciudad desde 1990.

"Mi trabajo es en realidad coordinar la gente y que las cosas se presenten bien y de que cada persona tome la decisión como debe de ser. La ciudad de Seattle tenía una idea de apoyar con recursos para gente

---

8   Casa Latina. *"Our house."* Invierno- 2002. pp. 1-2.

sin hogar y no se podía organizar un grupo de apoyo, entonces ellos dieron dinero a una organización para implementarlo.

"A mí me dieron la función de investigar sobre los latinos sin hogar en Seattle y sobre los recursos que se contaban. Las gentes sin hogar son muy inestables, ellos tienen tantas necesidades básicas que la idea de ayudar voluntariamente a otros es muy distante. Entonces en la práctica empecé a hacer grupos pequeños y pasar tiempo con ellos, al igual creando líderes. La idea aparecía un patrón de cierto lugar y quería 25 trabajadores, para que fueran a trabajar, pero al día siguiente se habían ido los líderes, entonces tenía que formar otros líderes y eso me pasó varias veces.

Foto no.19 Oficina de Casa Latina.

"Entonces lo que hice fue expandir un poco la perspectiva y formar un grupo con líderes latinos que estaban trabajando con gente de la calle en el centro de la ciudad. Para esto Hillary Stern, quien es la directora de Casa Latina, estaba trabajando para otras organizaciones. Con esta gente formarnos un comité de consejo, para este proyecto e hicimos reuniones en el *Pioneer Square* (centro de la ciudad) todos los jueves hacíamos ruedas y nos tomábamos de las manos y nos contábamos los problemas. Una vez en la junta una persona empezó a cantar el himno nacional de México y después otro cantó de otro país y fue muy interesante la dinámica, lo importante después de la tercera semana de reunimos notamos de que los policías siempre pensaban que íbamos a causar problemas.

"Bueno, ya formado el comité notamos que la idea podía tener frutos, de otra toma si lo hacíamos de los "homeless" para los "homeless"[9] no iba a prosperar. Los "compas" son muy movibles tienen otros intereses y eso de ayudar a otros en la situación que ellos viven, a pesar de que ellos estaban cooperando.

"Encontramos que el área que no estaba cubierta era el E.S.L (inglés como segundo idioma) específicamente para *homeless*, entonces esa fue la idea. Con Hillary Stern, dijo que si este proyecto funcionaba renunciaba a su anterior trabajo en otra organización y esto motivó a todos. Hablamos con la ciudad sobre cambiar el objetivo y entonces empezó a darse forma a la Casa Latina.

Al inicio fue un problema con los organizadores o con la gente que podía financiarnos por la cuestión de que no teníamos nombre y nadie nos conocía. La ciudad nos mandó con los representantes de los latinos en estás áreas. Pero cuando hablamos con ellos, creo que lo vieron como competencia de que iban a perder fondos y todo lo demás. Fue difícil empezar y hacer nuestra base, así fue creciendo poco a poco. Empezamos con clases y así se fue dando. El proyecto más importante a futuro son las instalaciones, por ejemplo estás en un país de primer mundo, pero con instalaciones de tercer mundo. Aquí no tenemos agua potable, no hay líneas telefónicas, sólo tenemos celular."[10]

Relacionado con los fondos de esta organización se encuentra una michoacana, la señora Guadalupe Ayón, encargada de buscar los donantes.

"Mi función en Casa Latina es recaudar fondos. Lo que hago es buscar personas que tienen dinero y que están dispuestas a donar para que nuestros programas puedan funcionar. Entonces pueden ser corporaciones como Microsoft, Beraison y Costco. Casa Latina es una organización comprometida con los migrantes latinos para ayudarlos y para que mejoren sus vidas."[11]

---

9   "Homeless", es gente quien vive en la calle.
10   Entrevista realizada el 12 de marzo de 2002.
11   Entrevista realizada el 27 de marzo de 2002.

Otra de las personas que labora en Casa Latina es Vicente Salazar, originario del estado Morelos, su función es de la recepción y de la información de esta organización.

"El centro de trabajadores es un programa que está encaminado a dar empleo a los migrantes latinos, todas los días desde la 6 de la mañana, hasta las 12 del día. Para apuntarse hay un sistema de rifa en el que todos participan, se sortean los nombres y los sorteados salen a trabajar, en la medida de que haya patrones que los ocupen y así se van a trabajar. Así es el sistema del centro de trabajadores. Se ubica en las calles de Western y Barin en el centro de esta ciudad. Diariamente se concentran hasta cien personas en busca de trabajo.

Tratamos de que el migrante se sienta a gusto y de que a veces no hay tantas oportunidades como quisiéramos para los trabajadores. Nuestra intención es proporcionar trabajo y donde la comunidad se sienta bienvenida y así satisfacer sus necesidades en la medida de nuestras posibilidades."[12]

Respecto al programa de las mujeres la señora Verónica Fachinelli, originaria de Francia y coordinadora, nos comenta cuál es su función en Casa Latina.

"Después de 1996 se intentó llamar la atención a las mujeres y se abrió la convocatoria para ellas. Antes se enfocaba nada más a los trabajadores, en su mayoría hombres. En el mismo año se abrió la guardería y después se empezó con unos talleres para apoyar a los padres. En 1998 fui la coordinadora del programa de niños. A mí me interesa mucho el programa de mujeres y quería hacer algo por ellas y de repente ya había un grupo que asistían a las clases de inglés.

"Al término de clases nos quedábamos, porque muchos querían saber donde había clases para sus hijos, clínicas donde se habla español, tiendas latinas y cosas así. Entonces empezamos a darles un espacio a ellas, para que puedan expresar esas dudas. Así para que las mujeres latinas encuentren otras mujeres y compartan sus preocupaciones y sus tradiciones.

"Los talleres que organizamos es sobre las leyes de inmigración, violencia doméstica, salud de la mujer y sobre el sistema escolar para los

---

12   Entrevista realizada el 27 de marzo de 2002.

niños. Esto empezó en 1999, donde tuvimos un grupo de 25 mujeres y después hasta 50, la base es entre de 10 a 15 mujeres.

"El grupo se reúne en el centro de la ciudad y los últimos 3 años, la mayoría de los latinos que vienen aquí viven en el sur de esta ciudad. Entonces decidimos en que estas mujeres no tengan que venir con sus niños y tomar más de dos camiones, así que fuimos donde están ellas.

"Este año abrimos otro grupo en Burien, Washington, en colaboración con otra organización en dicho lugar y al mismo tiempo una clínica nos pidió abrir un grupo de mujeres, entonces ahora tenemos tres grupos de mujeres y yo como coordinadora estoy capacitando a las mujeres latinas del primer grupo para apoyar a los 3 grupos.

"Las mujeres del primer grupo que están en el centro de la ciudad son de Chile, Argentina, Guatemala, El Salvador, Honduras y de México son la mayoría. En los nuevos grupos la mayoría son mexicanas en particular son de Michoacán, y Oaxaca. Hay de todas las edades, desde los 23 años hasta 65 años. Me encanta este trabajo y la razón principal es que aquí se trabaja con una filosofía de educación popular, donde lo que importa más es la gente. He aprendido mucho de las mujeres latinas y aun más de lo que les he enseñado. Es la forma de poder compartir, aprender y al mismo tiempo dar un poco de tu conocimiento."[13]

El señor Adam Halper es parte importante en Casa Latina, debido a que su función es observar que el patrón pague conforme a la ley y que no sea explotado el trabajador migrante.

"Uno de los programas que me toca realizar es sobre el salario de los trabajadores migrantes. Es un problema en Estados Unidos que los patrones hacen deducciones de cheques y no explican cuáles son las deducciones. Lo hacen sin avisar a los trabajadores. Esto pasa en el 80% de los trabajos en este país. La mayoría no entendemos cuáles son las deducciones y nuestros derechos como trabajadores.

"Esto es un problema en Casa Latina, porque muchos de los patrones tienen compañías, pero no son compañías que tengan licencias con el estado y a veces vienen a contratar a trabajadores latinos, porque creen que pueden explotarlos más fácilmente. Algunas ocasiones hacen deducciones violando la ley y no pagan fácilmente a los trabajadores.

---

13   Entrevista realizada el 27 de febrero de 2002.

Foto no. 20 Migrantes en clases de inglés.

"Esto es muy grave si eres migrante latino. Durante el invierno el sueldo de un jornalero es de 300 a 500 dólares al mes. Si tú te vas a un trabajo por dos días ganas 200 dólares y el patrón no te paga, vas a ganar como 100 todo el mes. Para un trabajador migrante es mucho, para mí no lo es.

"Básicamente tratamos de hacer acuerdos entre los patrones y los trabajadores. A veces los patrones no quieren hacer un acuerdo y si eso pasa conseguimos abogados para los trabajadores. Aquí en Washington, las leyes ayudan a los trabajadores. La ley dice que no importa su estatus legal, si trabajas el patrón tiene que pagarte lo mínimo. El mínimo es de 6,90 dólares por hora, casi todos los abogados han ganado sus casos y lo difícil es cobrarle al patrón. Es fácil ganar en la Corte, pero para que pague es complicado. Hemos ganado como el 80 % de los casos.

"Me gusta trabajar en Casa Latina, porque aprendo cosas diferentes todos los días. No soy mexicano, no soy migrante, no soy latino, es como venir a otro mundo todos los días y aprendes de los trabajadores. Mi realidad es muy diferente a la realidad de la gente con quien trabajo. Esto me hace sentir que a veces no soy el mejor para trabajar aquí, es mejor tener una persona que entienda la realidad que vive la gente donde estamos trabajando."[14]

Uno de los programas mas importantes para los migrantes es E.S.L. (inglés como segundo idioma) impartido en el centro de esta ciudad. De martes a jueves de 6 a 8 de la noche. Cuenta con maestros voluntarios norteamericanos y latinoamericanos. La encargada del programa de inglés es Angélica Camargo, originaria de la Ciudad de México.[15]

"Mi función es coordinar las clases, los tres días de la semana que se imparten. Los que asisten a las clases son personas de Michoacán, Chiapas, Oaxaca y del norte de México. La mayoría son hombres los que asisten a clases."[16]

Foto no. 21 Clases de inglés en Casa Latina.

14   Entrevista realizada el 27 de febrero de 2002.
15   Donde el autor de este trabajo asistió a clase de inglés por 6 meses. También sirve para estar en contacto con la comunidad habla hispana que vive en esta ciudad. Aparte de que asisten en su mayoría mexicanos, encontramos gente de toda Latinoamérica. Esta relación con la comunidad sirve para intercambiar información de trabajos, renta de algún cuarto, venta de carros, chismes de nuestros países y de fútbol.
16   Entrevista realizada el 20 de marzo de 2002.

3.4 MIGRANTES ESPERANDO TRABAJO EN EL CENTRO DE TRABAJADORES DE CASA LATINA

"La calle de los sueños."

Ellos vienen a Seattle básicamente por la misma razón que cruzaron la frontera, empleo que les permitan volver con relativa solvencia, o bien, traer a sus familias a los Estados Unidos. Si las condiciones económicas actuales continúan, más gente viajará al norte.[17]

"MI MOTIVO PRINCIPAL COMO DE TODOS LOS QUE ESTAMOS ACA, ES EL SUEÑO AMERICANO"

José Luis. San Luís de la paz, Guanajuato.

En esta entrevista la realice a fuera de Casa Latina, centro donde ofrecen trabajo a migrantes y donde este migrante estaba esperando.

"Seattle es un centro de partida y a la vez de reunión para mucha gente. Hay trabajo, pero si tienes la oportunidad de ir a otro lugar como a Yakima o Lynnwood, muchos se van a la pizca de manzana, lechuga, entre otros. Yo en lo particular, siempre he estado aquí, mi ilusión era estar en Alaska. Conozco Alaska y he trabajado en barcos. En Guanajuato, ni ríos siquiera hay, he estado en barcos, es la necesidad que hacer a uno moverse de un lugar a otro. Si no sabes agarrar una carretilla, aquí te enseñas o la pala, pico, lo que sea. En general la gente de rancho, es más adaptada a las situaciones, pero para la gente de los pueblos es más difícil. Pero tienes que hacerlo, tienes que adaptarte a las circunstancias, aquí por ejemplo, tiene que hacer un hoyo, no puedes decir que no, aparte puedes porque tienes dos manos y al final te pagan de 50 a 100 dólares.

"Terminas todo enlodado o con hambre, pero llegas contento por que ganaste algo. En México no es posible ganar 100 dólares en un día, tal vez lo consigas en una semana difícilmente.

"Estamos aquí nada mas reunidos, esperando a dónde trabajar,. Ahora ya se cerró casa latina, pero en el transcurso del día puede caer algo,

---

17   Magcosta, Stephan. *"La calle de los sueños"*. En: La Voz, Seattle, Washington. May-1996. p. 6.

una mudanza o a veces necesitan gente por 2 a 4 horas, como sea te dan de 30 a 50 dólares y es algo. Cuando son como las 5 de la tarde te vas a comer con el chino, así le decimos a un lugar, donde hay pescado barato por 3 dólares y cenas muy bien a gusto o si no te vas a la pared donde hay cena gratis y después a llegar a dormir debajo de los puentes.

"Me he quedado a dormir en misiones, tienes todos los servicios te dan de comer, una cobija, un colchón y es un lugar seguro donde tienes calefacción.

"Realmente me siento orgulloso de ser mexicano, pero a veces me siento decepcionado, que nuestro gobierno nos limita en todo, ese me duele. Mi motivo de principal como de todos los que estamos por acá, es el sueño americano, tratar de juntar muchos dólares y superarse. Creo mi sueño no se ha cumplido. Tengo familia, pero no quiero decir nada de eso". [18]

"MI MOTIVO DE ESTAR AQUÍ EN ESTADOS UNIDOS ES HACER UN CAPITAL"

José Palma. Migrante sinaloense.

En esta entrevista no obtuve mucha información del entrevistado, porque no quería que se diera cuenta su familia de la situación que vive en este país.

"Estamos cambiando de jale, en donde exista. Mi motivo de estar aquí en Estados Unidos es hacer un capital, en Sinaloa soy ganadero, pero hay un problema personal y por eso estoy aquí. Como quien dice a pasear y aquí me quede ya tengo 8 años. Aquí agarre el vicio de la tomadera y las drogas. Aquí sólo vengo a cotorrear y a pasarla. He ayudado a otros paisanos a que agarren trabajo. En Seattle he dormido en la calle. De repente tiene uno donde vivir, pero tiene uno el vicio, dejas de trabajar. No ocupo de enviar dinero, mis hermanos en California son ricos, mi mujer es hija de batos millonarios, es el detalle de que no necesito mandar dinero y lo que necesito aquí lo dejo.

18   Entrevista realizada el 12 de marzo de 2002.

He conocido muchos sitios de los Estados Unidos como Luisiana, Mississipi y Florida y lo único que me dedico hacer es dar el rol."[19]

"MI MOTIVO FUE LA DESEPERACION, TENER UNA NIÑA Y NO PODER MANTENERLA"

Joaquín Gutiérrez. 36 años. Casado. México D.F.

¨Tengo 3 meses en Seattle, he estado 2 veces y no se lo recomiendo a nadie. Casa latina. En el verano, le tengo una fe, en el invierno es muy malo. Asisto a veces a clases de inglés que ellos imparten. Mi motivo fue la desesperación, tener una niña y no poder mantenerla. Les mando dinero cuando hay. Duermo de bajo de los puentes, la situación es difícil, me pase todo el invierno y no se lo recomiendo a nadie. Ya aguante lo peor y viene el verano y habrá mucho trabajo.

"Siempre ha existido el racismo digan lo que digan. El gobierno americano siempre no la poner difícil. Hacemos el trabajo sucio que los gringos no quieren hacer, aquí uno viene hacer lo sucio, peligroso, duro y mal pagado.

"Uno busca los medios de buscar un papel de identificación y la policía te la pide y le dices que no tienes y así te llevan a la cárcel. Es un juego que juegan siempre, vas a las oficinas y nunca te dan nada, así yo siento el racismo. Es como todo hay gente buena y mala, uno no puede hablar mal de todos los *güeros* y de los morenos. Afortunadamente los *güeros* se sorprenden de tu trabajo y tratan de ser agradecidos contigo. Racismo con mi propia raza, con el simple hecho de que soy de la capital, la primera vez que llegue a Estados Unidos, llegué en una casa de15 personas de Chihuahua. Les dije con mucho dolor en mi corazón, pensé que el racismo lo iba tener con los *güeros*, pero con mi propia raza lo tuve, por ser del Distrito Federal. Y de ahí para el real me tenía en jaque. El mexicano es uno de los principales racistas.

"Extraño mucho a mi familia, quisiera estar allá, pero como está la situación, me he jugado la vida y si he venido 2 veces aquí y le tercera creo que va ser difícil. Trato de aprovechar el tiempo. Estoy pagando un precio muy alto, porque no estoy viendo la infancia de mi hija."[20]

---

19   Entrevista realizada el 12 de marzo de 2002.
20   Entrevista realizada el 12 de marzo de 2002.

El caso anterior es el ejemplo de los migrantes que vienen en busca de trabajo y tratar de ahorrar unos dólares para mandarles a sus familiares. Pero existe el otro lado de la moneda de aquellos migrantes, el cual se pierden en la bebida y en drogas. Con ello se olvidan de su familia y son mal vistos por la sociedad norteamericana. El siguiente caso es de un "paisano" con quien platiqué a fuera del centro de trabajo de Casa Latina, con unas cervezas adentro y tal vez alguna droga.

"Estoy en donde haya 'jale', mi motivo de estar aquí no lo sé, no vine hacer fortuna. Aquí agarré la tomada y las drogas. En Seattle duermo en la calle, de repente uno tiene donde vivir, pero uno tiene el vicio y dejas de trabajar. Mi familia no sé nada y no les mando dinero. En México tengo esposa y un hijo. Tengo 8 años en los Estados Unidos y he estado en Nueva York, Chicago, Luisiana, Florida y hasta en Canadá. A Casa Latina no vengo a pedir trabajo, nada más vengo a cotorrear con los paisanos."[21]

Foto No. 22 Joaquín Gutiérrez

3.5 EL CENTRO DE LA RAZA

Para compartir, desembolsar y distribuir nuestros servicios, los recursos, el conocimiento y las habilidades a nuestros clientes, la comunidad, los visitantes y la familia humana más ancha con toda dignidad para su individualidad, las necesidades y la condición. Para hacer así creador de calor, con la sensibilidad cultural, con la justicia, con el entusiasmo, con la compasión, con la honestidad y con el optimismo en todas las áreas del trabajo.

Los principios de El Centro de la Raza.

En Centro de la Raza es una de las organizaciones con más años en esta ciudad. Todo comenzó con un incidente local demostrando cómo entre asuntos nacionales y locales que podría llegar a ser fácilmente uno. Unos estudiantes de la Docena Latina del inglés y el Programa Básico Adulto de la Educación en la rama de Duwamish del Colegio del sur de la Comunidad de Seattle fundan un hogar educativo. El 11 de octubre de 1972, el personal de los centros educativos, los estudiantes y sus familias ocuparon pacíficamente la escuela abandonada de la colina de Baliza, en el sur de esta ciudad.

Foto no. 23 Centro de trabajadores de Casa Latina.

Foto no. 24 Migrantes esperando trabajo y otros tomándose unos "alcoholes".

Este incidente reflejó las demostraciones y el curso social de los previos cuatro años que comenzaron en 1968 con el asesinato de Dr. Martin Luther King Hijo.

En 1970, el fuerte Lawton en Seattle fue ocupado por americanos nativos que buscaban la restauración de sus derechos, especialmente la pesca de salmón, las huelgas de agricultores en el valle de Yakima en el este del estado, los residentes asiáticos en el vecindario de la colina de Baliza de Seattle luchaban en contra del aburguesamiento del área y en las universidades en el estado experimentaban demostraciones en contra de la guerra de Vietnam.[22]

La gente que dirigió la ocupación del edificio, tomó parte en muchas actividades y con ello, había experimentado el valor de la unión a través de lo racial y las barreras de clase. El Centro de la Raza fue tomado por los latinos y adquirido un nombre en español, comenzó y todavía permanece. La aprobación final del Alcalde para asegurar la facilidad vino sólo después de la ocupación pacífica y tuvo como resultado un arrendamiento de un dólar al año.[23]

---

22 El Centro de la Raza. "La historia de su fundación". 2002. p.1.
23 Ibidem. p.2.

La labor de este centro es utilizar actividades sociales, culturales, educativas y cívicas para reunir a la gente de todas las razas. Las actividades de esta organización consisten en el desarrollo para los niños, donde ofrece servicios de cuidado, traducción de documentos, programas de comida, transporte, clases de inglés, clases sobre derechos del trabajador, ayuda para colocación de trabajos, estas son las actividades primordiales del Centro de la Raza.

Pero dejemos que la coordinadora de los eventos del Centro de la Raza, la señora Carmen Miranda nos explique con más detalle sobre esta organización.[24]

"Ofrecemos servicios a latinos, el 95% son latinos que asisten, pero cualquier persona que venga le damos servicio. Ayudamos con viviendas, somos dueños de 14 departamentos, para gente de bajos recursos y donde pueden vivir hasta cuando la gente quiera. Tenemos casas que se les dice *transition homes*, donde pueden vivir familias por dos años. Las familias que llegan con niños y no cuentan con vivienda pueden vivir en estas casas, mientras les ayudamos a buscar trabajo y casa.

"Otro de los programas que contamos es para ayudar a personas que viven en la calle, se les apoya en conseguir departamento. Se les paga el depósito o la renta por 4 meses. Existe otro programa para comprar casas, esto es para familias que han trabajado por 5 años en este país y que rentan casa.

"Apoyamos a las mujeres embarazadas con doctores y muchas viven en las calles. Contamos con clases de inglés los martes y de ciudadanía. Ayudamos a los ancianos y consiste en llevarles comida a sus casas de lunes a viernes y el otro son actividades corporales. Tenemos un acuerdo con clínicas de la ciudad para que las personas paguen la mitad y nosotros la otra.

"El grupo de jóvenes se les apoya para que dejen las pandillas, las drogas, y para que también sigan con sus estudios. Estamos trabajando en dos preparatorias, para que se les enseñe la Historia de los latinos, porque en las escuelas no se les enseña nuestra historia.

---

24   Referente al Centro de la Raza, la señora Carmen Miranda, es la encargada de dar información de la organización. Por lo tanto, fue muy difícil entrevistar al personal que allí labora. A diferencia de Casa Latina, que tuve la oportunidad de entrevistar más gente.

"Hay un programa para niños de los 5 a 13 años de lunes a viernes de 3 a 6 de la tarde. Para ayudarlos en sus tareas y que se mantengan bien en la escuela. Se les da también clases de poesía, computación y arte. Por ultimo tenemos eventos culturales, por ejemplo tuvimos una exposición del día de muertos en noviembre de 2001. Tenemos contacto con gente de Latinoamérica, para que vengan a exponer a nuestras familias nuestra cultura."[25]

3.6 CENTROS DE AYUDA RELIGIOSAS

El migrante mexicano que llega por primera vez a la ciudad de Seattle, se encuentra con una serie de dificultades, tales como donde vivir, no poder comunicarse en inglés y no contar con trabajo.

Foto no. 25 El Centro de la Raza.

Muchos de ellos no cuentan con redes sociales donde se les apoye en el momento de su llegada, a diferencia de otros migrantes que cuentan con redes (familiares, amistades o de paisanaje) que les puedan proporcionar un lugar donde hospedarse. Para que en el transcurso de los

---

25   Entrevista realizada el 1 de abril de 2002.

días se inserten a la vida de la ciudad, que para muchos de ellos es muy complicada, llegar a un lugar distinto al suyo.

La solución de muchos de ellos es quedarse a dormir en las calles, donde deben de soportar bajas temperaturas y en Seattle más de la mitad del año llueve y se registran bajas temperaturas. Los peligros de dormir en las calles, es que la policía los arreste y sean deportados, ya que la mayoría no cuenta con documentos para estar legales en este país.

Lo primero que hacen los migrantes es relacionarse con otros "paisanos" que viven en las calles, estos les ayudan a decirles dónde pasar la noche. Y los lugares donde pueden hacerlo es en las llamadas misiones, estos lugares son patrocinados por religiones cristianas, como Luteranos, Bautistas o Evangelistas.

Estas misiones ayudan al recién llegado, donde pueden dormir, bañar, comer y reciben ropa sin ningún costo. Estas misiones van dirigidas a las personas que viven en las calles. Pero los migrantes lo tomaron como una solución a su problema de no tener donde habitar. Esto en algunos casos es nada más por unos días, mientras los migrantes encuentran trabajo y donde vivir. Donde también hay casos de que muchos de ellos no salen de estas misiones, según que para ahorrar el dinero de la renta.

A cambio de estos beneficios, tienen que presenciar una misa de una hora, algunas veces en español, para que se "ganen" su comida y donde dormir, si no las personas que atienden las misiones les niegan el acceso si estos no aceptan las reglas de las misiones.

Este tipo de misiones, algunas veces son peligrosas para los migrantes que se hospedan en estos lugares. Me comentaba un residente mexicano sobre cómo es vivir en una de estas misiones.

"Las misiones aparte de que te ayudan, auxilian a vagabundos, discapacitados, drogadictos, sean de la raza que sea. Pero una vez dos negros (afro americanos) se estaban peleando por un par de tenis en los dormitorios, uno de ellos sacó una pistola y mató al que quería robarle sus tenis."[26]

Esto sucedía antiguamente, ahora los responsables de las misiones al momento de la entrada tienen que revisar las mochilas de cada

---

26   Entrevista realizada en diciembre de 2000. El entrevistado no dio su nombre.

persona, para que no cuenten con armas de fuego. Pero de todas maneras es peligroso para el migrante ya que les pueden robar sus pocas pertenencias.

"Pero que hago no tengo dónde dormir, tengo que cargar mis cosas todo el día, no conozco a nadie, de que me roben a pasar frío en la calle, es mejor estar en la misión."[27]

Muchos de los migrantes ya están acostumbrados a la vida en las calles de Seattle, donde el peligro huele en cualquier rincón donde se muevan.

"Me gusta estar en la calle, ya estoy acostumbrado, me dan de comer, donde dormir, que más quieres y no quiero a regresar a México, para qué, aquí estoy bien."[28]

Estos comentarios suelen ser muy crudos de muchos de los migrantes que se encuentran en esta ciudad. Muchos se sienten que no han hecho realidad sus metas de reunir unos dólares y regresar a su tierra. Algunas veces por no cumplir esos sueños caen presos de drogas y el alcohol. Esto les crea un impedimento de regresar sin nada a México y prefieren sufrir hasta lograr lo que siempre habían querido.

La realidad es que muchos de ellos tienen que trabajar hasta 12 horas diarias para solucionar sus problemas económicos. Un punto importante de las misiones es que la mayoría se les reconoce que ayudan al migrante, pero ellos tratan de convertirlos a su religión.

Por lo general los migrantes son católicos y al momento de llegar a estos centros de ayuda llegan a creer que estas religiones son mucho mejor que otras, con ello se convierten a la religión donde primero tuvieron contacto y les brindaron ayuda.

3.7 CONSULADO DE MEXICO EN ESTA CIUDAD

La oficina del consulado de México en Seattle, se encuentra en el centro de esta ciudad y está a disposición de todos los mexicanos residentes en este estado y Alaska. Los servicios que ofrece son de

---

27   Entrevista realizada en diciembre de 2000. El entrevistado no dio su nombre porque según el no fuera ser conocida su situación que tiene en los Estados Unidos de vivir en las calles.
28   Entrevista realizada en diciembre de 2002.

documentación, protección, de educación, de salud, promoción cultural y de negocios. Estos son los puntos primordiales del consulado.

Foto no. 26 Consulado mexicano en Seattle

El actual titular del consulado es el Licenciado Jorge Madrazo Cuellar. Donde algo novedoso para promover los servicios que ofrecen; es que los días miércoles en una estación de AM/1360 de la radio de Seattle en español, cuentan con un programa titulado "Viva México", este espacio radial se dirige a todos los mexicanos que viven en estas áreas del noroeste norteamericano.

El programa es conducido por el cónsul; el equipo está compuesto por todos los empleados del consulado. En el programa se contestan llamadas de los radioescuchas, esta modalidad del consulado ha servido a muchos mexicanos que necesitan de su consulado.

Foto. no. 27 y no. 28 Migrantes mexicanos pidiendo legalización. Organizado por Casa Latina, Seattle-2001.

"Americano Yo"

Cuál es la ley de los hijos, Cuántos de ellos se van, En la frontera, el orgullo Jamás se puede olvidar. (El sueño americano, americano yo). Se fueron de madrugada Con su botella y su bendición Pero al final del camino La migra los encontró.

Americano sin rumbo,
Americano sí.
Americano sin rostro,
Americano sí.

Su madre pide a la Virgen
Que los regrese con bien
Cuando se junta la raza
Se escucha hablar de los tres.

Americano sin rumbo,
Americano sí.
Americano sin rostro,
Americano sí.

GRUPO: ULTRA.
LETRA: ERNESTO ROSALES.
MÚSICA: E. ROSALES, P. VÁZQUEZ, E. TAMAYO Y M.A. GARCÍA LÓPEZ.

CAPITULO IV

NEGOCIOS DE LOS MIGRANTES

4.1 NEGOCIOS DE LOS MIGRANTES MEXICANOS

En este capítulo se pretende mostrar cómo los negocios de los migrantes han proliferado en esta zona de los Estados Unidos. Donde se encontró a empresarios mexicanos y en particular michoacanos que han abierto negocios, en este caso restaurantes y tiendas con una diversidad de productos mexicanos. Esto es debido a que los últimos 14 años, ha aumentado la población de mexicanos en el estado de Washington, específicamente en Seattle donde se realizó el estudio de estos negocios. La demanda de estos productos cada día aumenta.

Con la llegada de mexicanos a estas zonas del noroeste de los Estados Unidos, se han incrementado los negocios tales como restaurantes, tiendas de abarrotes, agencias de viajes, panaderías, servicios bilingües, centros nocturnos, entre otros.

Cada día más, empresarios mexicanos van teniendo presencia en la economía de este país. Aunque muchos de ellos ya cuentan con experiencia en su país, pero también encontramos a personas que se arriesgan abrir un negocio sin saber qué pueda pasar. Entonces, el tener un negocio en este país es toda una nueva experiencia.

Ellos aportan económicamente a este país y al igual dan trabajo a sus paisanos, familiares o amistades. Muchos de estos negocios cuentan con una red social, que consiste en mandar traer por ejemplo a un familiar, para apoyar en el negocio y así apoyar a la persona en un trabajo mejor que en México.

Sin embargo el fenómeno de los negocios latinos aún no ha cobrado gran reconocimiento público o académico, ya que todavía existe una percepción general de que los latinos son más que nada trabajadores asalariados, sin educación, sin dinero, y por tanto, con pocas posibilidades de tener su propio negocio. Pero este concepto está cambiando en la medida en que aumenta el número de latinos que optan por crear su propia empresa dentro de la amplia gama de líneas de negocios, que atienden a las necesidades de la creciente comunidad de habla hispana. El crecimiento de los negocios latinos en la región es una tendencia paralela a lo que está sucediendo a través de los Estados Unidos. De acuerdo a un reporte reciente de la oficina de Administración de Negocios Pequeños (US Small Business Adminstration) entre 1987 y 1997, las empresas latinas crecieron nacionalmente cerca del 232% comparado al 168% de los negocios pequeños de las minorías en la nación. En 1997 los negocios de los latinos contaron 1.4 millones que generaron 184 mil millones de dólares en ingresos, de los 3.25 millones de los negocios de minorías en todo el país. Entre 1987 y 1992 los negocios aumentaron, con ello las empresas latinas en el noroeste de este país se puede ver un incremento, por ejemplo, durante este mismo periodo, los negocios latinos en Washington crecieron un 126.8%; un poco más que el 121% de Oregon y el 91.5% de Idaho.[1]

Con el transcurso del tiempo los mexicanos se han desarrollado en una diversidad de negocios, que son bilingües, en donde el consumidor que asiste a este tipo de negocios, se pueda sentir cómodo al hablar en su idioma. Es decir que las personas que hablan en español se sientan libres en un medio donde todo es en inglés.

En la ciudad de Seattle, por ejemplo, los restaurantes, tiendas o panaderías mexicanas se pueden localizar en lugares como Rainier Valley, Burien o en el área de la Universidad Washington. Este tipo de negocios de productos étnicos, representa la más visible iniciativa empresarial mexicana, ya que atiende primeramente a la clientela latina.

Otro fuerte indicativo de que los negocios de latinos están madurando y alcanzando un gran número de consumidores es el hecho de que en muchas ciudades y poblados de la región, se pueden encontrar

---

1   Gallardo, Gabriel E. *"Empresarios Latinos"* En: Latino Northwest. Seattle, Washington. Abril-Mayo, 2001. Vol. 3. No. 3. p. 4.

directorios de negocios hispanos que atraen a la creciente población de habla hispana.[2]

En Seattle se publican directorios comerciales como son el Directorio Comercial, el Directorio Hispano y el Mundo Castellano. Estos directorios nos ofrecen una idea de cómo han proliferado los negocios étnicos en el estado de Washington y en especial en la ciudad de Seattle.

El hecho de enfocar un apartado en este trabajo a los negocios étnicos (restaurantes y tiendas) es porque estos lugares son muy frecuentados por mexicanos y por supuesto los michoacanos en esta zona de los Estados Unidos.

4.2 RESTAURANTES

En la ciudad de Seattle existen una serie de restaurantes, por ejemplo: azteca, Restaurante Michoacán, Taquería Morelia, Jalisco, Tacos Guaymas, Juan Colorado o Pancho Villa, donde ofrecen una infinidad de platillos mexicanos.[3]

Este tipo de negocios va dirigido a toda la comunidad mexicana, latino americana, anglosajona o a quien quiera probar algo del sabor de México. Los dueños de estos negocios confían en ofrecer a su clientela una variedad de platillos auténticos mexicanos.

Este trabajo se concentró en entrevistar a dos empresarios michoacanos que han abierto restaurantes en esta ciudad.

4.3 TAQUERIA MORELIA

La taquería Morelia se ubica a sólo dos cuadras de la Universidad de Washington. Atendido por su propietario Leonel Suárez, oriundo de Ucareo, Michoacán. Quien con ese sentido de progresar en este país, decidió emprender un negocio y ese deseo lo convirtió en una realidad.

"Estuve trabajando por 7 años en una compañía maderera en Ballard y un día escuché en el radio de que se traspasaba un negocio. En ese momento no contaba con todo el dinero, más que con mi crédito y unos cuantos ahorros.

---

2   Ibíd. p. 6.
3   Estos restaurantes se ubican en diferentes zonas de esta ciudad.

Recurrí a unas persona a que me asesoraran sobre el crédito y así hacerme un conecte con el banco. Entonces el banco me prestó dinero para comprar el negocio. Fue el modo de que me hice de la taqueria. Vendo algo típico de México como tacos al pastor, carne asada, carnitas, buche, chorizo, tortas, enchiladas, tamales y menudo."[4]

En un periódico local apareció una entrevista con Leonel Suárez, sobre la popularidad de su negocio.

"A mi taqueria viene de todo tipo de personas: anglosajones, afro americanos, asiáticos y latinos."[5]

Desde que abrió la taquería en el año de 1998, el negocio sigue y está en planes de expandirlo con la misma fórmula que le ha funcionado.

"La gente me decía que estaba loco, que mejor vendiera la comida mexicana-americanizada. Pero algo me decía que no, que valía la pena arriesgarse por lo auténticamente mexicano."[6]

El caso de Leonel Suárez, es un ejemplo de llegar a los Estados Unidos y abrirse las puertas a base de esfuerzo y dedicación. Es decir, se trata de un michoacano exitoso.[7]

4.4 RESTAURANTE MICHOACAN

El siguiente caso es el de Don José Luis Silva, moreliano radicado en la ciudad de Seattle, desde finales de década de los 80's. El restaurante ubicado en el norte de esta ciudad, fue nombrado Michoacán por no olvidar a su tierra que lo vio nacer y por tener un nombre distinto a los que hay en la zona. Ofrece en la lista de platillos una infinidad de buena comida mexicana, para todos los gustos. Como todo migrante, su sueño lo hizo realidad de poner un negocio en los Estados Unidos.

---

4   Entrevista realizada el 3 de marzo de 2002.
5   "El valor de lo auténtico" En: *Siete Días*. Bellevue, Washington. 27 de junio de 2001. p.13.
6   Ibíd. p.13.
7   Donde el autor de este trabajo nunca faltaba a la taqueria para disfrutar de los platillos que allí ofrecen. También cuenta con servicio de venta de tarjetas telefónicas para llamar a Latinoamérica. Los fines de semana pasa fútbol mexicano o peleas de box. Para toda paisano que no tenga televisión por satélite y el servicio es gratuito.

Foto no. 29 Taquería Morelia.

"Cómo iba imaginar de tener mi propio negocio aquí en los Estados Unidos. Esto lo tengo para que tengan un futuro mejor mis hijos. En este país sólo trabajando puedes hacer las cosas, aquí tienes la oportunidad de hacer tu propio negocio. Llegué de lava platos y ahora tengo mi restaurante."[8]

El restaurante tiene dos años ofreciendo platillos auténticos mexicanos, desde unos tacos hasta una birria.

Don "Chelís" como le dice su clientela, poco a poco va prosperando en su negocio. Una de las razones que comenta Don "Chelís", es que su negocio a progresado por tener nada más familiares en cada una de las funciones de su restaurante. Don José Luís Silva es otro de tantos michoacanos que han salido adelante en este país.

4.5 ABARROTES Y OTROS PRODUCTOS

La proliferación de estos negocios en la ciudad de Seattle, es por la gran demanda que tienen los productos de origen mexicano y también por el aumento de la población mexicana y latinoamericana.

---

8   Entrevista realizada el 13 de febrero de 2002.

En estas tiendas podemos encontrar una serie de productos por ejemplo: tarjetas telefónicas, sombreros, botas y zapatos, cerveza y refrescos, revistas, periódicos, uniformes deportivos, lentes, discos compactos, vestidos para primera comunión y bautizos, envíos de dinero, piñatas, cinturones, zarapes, renta de películas en español y en comida, hay tortillas, chiles secos y en vinagre, salsas enlatadas, maicena, cueritos y patas de puerco, aceite , dulces, tostadas, quesos y pan (casero, bimbo y marínela).

De igual manera se escogió a dos ejemplos de este tipo de negocios en esta ciudad.

Foto no. 30 Restaurante Michoacán.

4.6 FIESTA MEXICANA-VIDEO

Este negocio ubicado en el sur de esta ciudad, se llama Fiesta Mexicana-Video. Cuenta con tan solo 3 años, el dueño es originario de Apatzingán; pero el encargado del negocio es el señor Roberto Santacruz, nacido en Morelia, Michoacán. Gracias a la amistad con el dueño desde México, lo invitó a trabajar a esta ciudad en su negocio. Debido a que el dueño cuenta con muchos años viviendo en esta ciudad y se le ocurrió arriesgarse a poner un negocio con la venta de diferentes artículos latinos. El encargado comenta que el dueño sabe bien el potencial de la comunidad mexicana y latina en el sur de esta ciudad, es por esa la razón de poner una tienda con artículos latinos.

"La tienda tiene 3 años en Seattle y va dirigido a mexicanos y centroamericanos. La gente de México es la que compra más y son de Oaxaca, Veracruz, Sinaloa, Jalisco, Guanajuato y claro de Michoacán. "También compran filipinos y afro americanos. Los productos que más se nos venden son el pan casero y el pan bimbo, chiles la costeña y la morena, salsas, tarjetas telefónicas, galletas gamesa, refrescos (jarritos, pepsi, coca-cola, sangría), jugos jumex, dulces de Michoacán (cocadas, pulpas de tamarindo, hijos, biznaga, morelianas, obleas), patitas de puerco y venta de videos de películas mexicanas." [9]

4.7 MI TIENDITA LATINA

El siguiente caso es de una tienda muy concurrida en el norte de esta ciudad. Se llama Mi Tiendita Latina, esta tienda tiene desde 1995 y los dueños son originarios de Guadalajara, Jalisco. Este negocio es uno de los pioneros en ofrecer artículos para la comunidad latina en esta ciudad y es uno de los más populares en esta zona norte. Podemos ver en alguna visita a este negocio una infinidad de productos y de personas de toda Latinoamérica a realizar sus compras. Es atendida por empleados que son amistades de los dueños y originarios también de Guadalajara.

"La tienda tiene 7 años, los productos son mexicanos, peruanos y salvadoreños. El negocio va dirigido a todo latino. Lo que se vende más son las botas, camisas de equipos de fútbol y para el rodeo, refrescos, cerveza, tortillas, tarjetas telefónicas, revistas, discos compactos y todo lo típico de México como son los zarapes, piñatas y cinturones piteados." [10]

Esto nos da un panorama de como los mexicanos tienen una presencia importante en esta zona de los Estados Unidos y conlleva a una gran demanda de productos de su país de origen. Esto da como resultado que más empresarios se arriesgan a abrir negocios en los Estados Unidos. Otro punto importante es que estas tiendas tienen menos de

---

9   Entrevista realizada el 1 de abril de 2002.
10   Entrevista realizada el 6 de marzo de 2002.

diez años, con ello la migración mexicana a estas zonas de los Estados Unidos es reciente.

Como podemos ver en los negocios para los mexicanos o latinoamericanos, se puede comprar cualquier producto de su país de origen o si no lo tienen estos negocios lo consiguen.

En relación a las tiendas estadounidenses, saben bien el potencial de la comunidad hispano-parlante en este país. Entonces para atraer esta comunidad introducen productos mexicanos o latinoamericanos.

"Una cerveza y un tequila"

Veo pasar a mis paisanos
De un lado a otro
De la casa al trabajo
Así es la vida en el otro lado.
Un compa me dice
Estoy hasta la jodida
De trabajarles a los gueros
Mejor me voy pa'el cantón.
Ni con una cerveza Y un tequila,
Se me olvida el terruño.
Mi pueblo querido
Cuanto te extraño
Yo con tanto frío
Me hace falta calor.
Pero aquí estamos,
Trabajando muy duro.
Algún día regresaré
Para estar en el terruño.
Ni con una cerveza
Y un tequila,
Se me olvida el terruño.

AUTOR: MANUEL RESÉNDIZ ARROYO.
SEATTLE, WASHINGTON, USA. 2002.

CAPITULO 5

LOS ROSTROS DE LA MIGRACION MEXICANA EN SEATTLE

En este capitulo muestro la vida de los mexicanos en el noroeste norteamericano. Muchas de las fotografías fueron tomadas en sus lugares de trabajo, en manifestaciones, fiestas, partidos de fútbol y en clases de inglés. Dichas imágenes se fueron acumulando en mi archivo, desde el momento que llegué a la ciudad de Seattle. Siempre traté de obtener imágenes de cualquier evento que fuera posible, para que el lector tenga una idea de cómo viven nuestros paisanos en la Unión Americana.

Foto no. 31 Ciro Domínguez. Migrante veracruzano.

Foto no. 32. Migrantes jaliscienses en un cumpleaños.

Foto no. 33. Migrantes morelianos al término de un partido de fútbol.

Foto no. 34. Migrantes mexicanos en clases de inglés, impartidos por Casa Latina.

Foto no. 35. Manifestación en pro de la legalización, 2002.

Foto no. 36. El autor con algunos migrantes en el centro de Seattle.

Foto no. 37. Manifestación en pro de la legalización-2006.

Foto no. 38. Manifestación en pro de la legalización. 2006

Foto no. 39. El espíritu azteca en la manifestación. 2006.

Foto no. 40. Manifestación en pro de la legalización. 2006.

Foto no. 41. Manifestación en pro de la legalización. 2006.

Foto no. 42. Manifestación en pro de la legalización. 2006.

Foto no. 43. Manifestación en pro de la legalización. 2006.

Foto no. 44. Manifestación en pro de la legalización. 2006.

Foto no. 45. Manifestación en pro de la legalización. 2006.

Foto no. 46. Migrantes mexicanos en una reunión.

Foto no. 47. Migrantes mexicanos y latinoamericanos.

Foto no. 48. El autor y esposa.

Foto no. 49. La ciudad de Seattle.

CONCLUSIONES

Las redes sociales son parte de la migración, y se basan en relaciones de parentesco o de amistad. La red social sirve para disminuir los costos y peligros que representa la migración. Estas apoyan ofreciendo información sobre el área donde se va al llegar y el tipo de trabajos que se realizan así como alojamiento, alimentación e incluso préstamos de dinero.

En este trabajo comento mis experiencias como migrante y mis percepciones como científico-social. Por lo tanto llegamos a las siguientes conclusiones: Las características generales de los migrantes mexicanos que entrevisté en la ciudad de Seattle, Washington, son las siguientes:

Hombres en su mayoría de entre los 14 a 47 años, solteros y casados, estos últimos en menor proporción. Se pudo entrevistar a sólo 5 mujeres de entre 30 a 47 años, casadas. Un obstáculo que se presentó para entrevistar a las mujeres fue que sus maridos no aceptaron que las entrevistaran.

Todos cuentan con algún tipo de escolaridad: primaria, secundaria, preparatoria y sólo tres casos tienen título universitario. Las redes sociales que tienen los migrantes mexicanos se organizan principalmente en redes de amistad y redes familiares. Con el análisis del material obtenido de las entrevistas encontramos que todos son migrantes permanentes en los Estados Unidos, es decir, aunque sean legales o ilegales permanecen por mucho tiempo en este país.

Sobre el racismo, muchos comentaron que sí lo han sufrido, aunque también dijeron que no lo han experimentado o no saben realmente cuándo lo han vivido.

El atractivo que ven los migrantes a esa ciudad, es que, en esta zona los salarios son más atractivos para ellos, es decir, los migrantes antes de llegar a esta ciudad han experimentado en otros estados de la Unión Americana como son California y Oregón, donde los salarios son muy bajos y además en estas zonas la competencia con otros latinos es muy fuerte, es por eso que suben más al norte. Pero también encontramos que gracias a las redes (familiares, de amistad y de paisanaje) los migrantes llegan directamente a esta ciudad.

Entonces, con el movimiento migratorio hacia esta zona del noroeste norteamericano, llegamos a la conclusión que es un movimiento reciente, es decir, 14 años, en especial a esta ciudad. Partimos de que uno de los entrevistados tiene en Seattle desde 1988. Pero, para tener una base más sólida se pueden observar con los censos, y preguntar a organizaciones sociales y al Consulado Mexicano para dar sustento a los antes dicho. Ellos confirmaron mis propias observaciones.

No existe una regla preestablecida para encontrar empleo. Los migrantes se dirigen a donde ellos tienen la idea, alguien les dijo ya sea un familiar, amigo o paisano de que en ese lugar hay trabajo muy bien pagado. Aunque algunos de los entrevistados tienen visa de turista o incluso la residencia y en algunos casos la ciudadanía, el no tener documentos no es un impedimento para buscar y encontrar trabajo.

Un punto importante es que en algunos casos, en especial los que son de centros urbanos como Morelia y Ciudad de México, cuentan con nociones de inglés, y al saber este idioma en Estados Unidos las oportunidades son diferentes a los que no hablan. Estos migrantes que hablan inglés son de clase media en Morelia. Muy distinto a los que son de pueblos o ciudades pequeñas como Apatzingán, Ucareo, Nueva Italia y algunos también de Morelia, que son de clase baja. Muchos de los migrantes en especial los hombres solteros no envían dinero a México, por que no tienen obligaciones con sus familias, a diferencia de los casados y las mujeres.

Las actividades laborales principales siguen siendo lavar platos, preparadores de comida, limpiando mesas, jardinería, o por la larga estancia en los Estados Unidos ya son dueños de negocios como restaurantes o tiendas de abarrotes.

La vida de los migrantes en esta ciudad es percibida como única, tienen todo lo que necesitan a diferencia de México. Pero con esto, sus vidas giran en torno al trabajo y no realizan otras actividades; sin embargo cabe precisar que no todos, ya que encontramos casos que a muchos les interesan leer, viajar, y un solo caso de un migrante michoacano que ha sobresalido en la escena teatral de esta ciudad, donde lo valoran como artista, lo cual es muy meritorio ya que es difícil sobresalir en un medio anglosajón, pero este michoacano es digno representante, así como él lo diría, de los latinos.

Sobre el esperado retorno a México, no a todos se les hace realidad, en algunos casos el hecho de ser ilegales los puede hacer permanecer por más tiempo en ese país, mientras se cumplen las metas esperadas de ahorrar dólares y regresar lo antes posible. También está el migrante que cuenta con los documentos en regla, en este caso sus posibilidades de desarrollo en los Estados Unidos pueden ser mejores a diferencia del indocumentado, y son ellos los que piensan residir por más tiempo allá. Pueden salir del país las veces que quieran y así no extrañar México.

Otro perfil a destacar, es el de aquel migrante que no quiere saber nada de su país, su fin es asimilarse totalmente al lugar que le dio la mano y así olvidar ese pasado que trae en sus espaldas, pero es imposible de borrar y seguirá siendo la minoría de este país.

El ideal de los migrantes en general es ahorrar y cumplir metas trazadas en México, para tener algo con que desarrollarse, dependiendo de la zona de México de donde proceden. Por el lado de la nostalgia, los migrantes logran apaciguarla consumiendo productos mexicanos en tiendas latinas que, entre otros productos, expenden comida mexicana hecha por mexicanos.

Muchos migrantes comentaron que algunas ocasiones recurrieron a la búsqueda de apoyo por parte de alguna organización de auxilio al trabajador migrante y en general todos buscaron el apoyo del consulado para tramitar el documento con mayor demanda que es la matrícula consular, el cual sirve como identificación.

Con la llegada de más migrantes a esta ciudad, se han organizado personas en apoyo al migrante como son Casa Latina y El Centro de la Raza. Estas organizaciones son un alivio para aquellos migrantes que no cuentan con el acceso a las redes (parentesco, de amistad y de paisanaje). Las funciones de dichas organizaciones son por ejemplo, ayudarles a encontrar trabajo, clases de inglés, asesoría legal, renta de casa, comida, transporte, etc.

Está también otro tipo de organizaciones, es decir, organizaciones de religiones cristianas que apoyan a los migrantes. Les brindan hospedaje y comida. Pero para ganarse lo antes mencionado, tienen que soportar largas horas de sus misas o servicios religiosos. Algo interesante de esto es que muchos de los migrantes llegan a creer que esta religiones son mucho mejores que otras; en general, la mayoría de los migrantes son católicos y terminan convertidos a estas religiones y otros lo ven como conveniencia. Es difícil desarrollarse si no se cuenta con un apoyo fundamental que es comer y dónde dormir. Esto, por lo general, es temporal, es decir, cuando ya se logró ahorrar algo de dinero el migrante sale de esas organizaciones y empieza a vivir y a desarrollarse por cuenta propia.

También seguimos encontrando migrantes perdidos en el alcohol y las drogas. Esto lo ve con malos ojos la sociedad norteamericana, por ello, siguen con sus percepciones erróneas de que los migrantes mexicanos llegan a su país y acarrean problemas. Pero en realidad vemos a los migrantes que en su gran mayoría llegan a los Estados Unidos con una sola idea que es trabajar y cumplir sus metas.

Con la migración a estas áreas de Norteamérica han proliferado los negocios de mexicanos y en especial de michoacanos; quienes se han arriesgado a invertir en negocios tales como restaurantes y tiendas de abarrotes con una infinidad de productos. Ellos saben bien que arriesgarse dio frutos, es decir, la comunidad latina se dirige a estos negocios y no a otros. Y encontramos que no nada más tiene éxito con la comunidad mexicana y latina, sino también con la anglosajona, la afroamericana y la asiática.

Por último, muestro gráficamente la vida de los mexicanos en el noroeste norteamericano. Muchas de las fotografías fueron tomadas en sus lugares de trabajo, en manifestaciones, fiestas, partidos de fútbol y en clases de inglés. Dichas imágenes se fueron acumulando en mi archivo, desde el momento que llegué a la ciudad de Seattle. Siempre traté de obtener imágenes de cualquier evento que fuese posible, para que el lector tuviese una idea de cómo viven nuestros paisanos en la Unión Americana.

Entonces la migración de mexicanos en particular a esta ciudad seguirá atrayéndolos, debido a que esta zona del noroeste norteamericano les ofrece buenos salarios y menos competencia a diferencia de los estados del sur de este país.

FUENTES CONSULTADAS

ORALES

Entrevistas de historias de vida, realizadas en Seattle, Washington.

Migrantes Mexicanos
Por orden de aparición

1. José Luis Silva
2. Francisco Reyes Villaseñor
3. Luis Salvador Castro
4. Austreberto Silva
5. Juan Luis Gutiérrez
6. Leonel Suárez
7. Erasto Rosas Silva
8. Raúl García
9. Maira Álvarez
10. Reina García
11. Josefina Sierra Fuentes
12. Juan González
13. Mauricio Rosales
14. Miguel Santiago
15. Marco González
16. Guadalupe Ayón
17. Saúl Alcázar
18. Maria Alberto
19. Vicente Montañez
20. Miguel Díaz
21. Héctor Jacobo
22. Alejandro Vázquez

Entrevistas de Organizaciones Sociales.

1. David Ayala
2. Guadalupe Ayón
3. Vicente Salazar
4. Verónica Fachinelli
5. Adam Harper
6. Angélica Camargo
7. Carmen Miranda

Trabajadores en Casa Latina

1. José Luis
2. José Palma
3. Joaquín Gutiérrez
4. Anónimo

Consulado mexicano en Seattle

1. Israel Herrejón

Negocios.

1. José Luis Silva
2. Leonel Suárez
3. Roberto Santacruz

Fotografías – total 49.
Todas las fotografías fueron tomadas por el autor de este trabajo.

BIBLIOGRAFIA

Aguilar Camín, Héctor y Lorenzo Meyer. *A la Sombra de la Revolución Mexicana.* Cal y Arena. México. 1996.

Barjau, Luis. *Economías sin Fronteras.* C.E.R.M. "Lázaro Cárdenas A.C." Jiquilpan. 1982.

Brambila Paz, Carlos. *Migración y Formación en México.* El Colegio de México. México. 1985.

Bustamante, Jorge A. Cruzar la línea. La migración de mexicanos a los Estados Unidos. Ed. FCE. México. 1997.

Bustamante, Jorge A. / Cornelius Waynes A. *Flujos Migratorios Mexicanos hacia Estados Unidos.* Ed. FCE. México. 1989.

Calvo, Thomas/ López Gustavo (coord.). *Movimientos de Población en el occidente de México.* El Colegio de Michoacán Y C.E.M.C.A. Zamora. 1998.

Castillo, Pedro G./ Ríos Bustamante, Antonio. *México en Los Ángeles.* C.C.A. / A.E.M. México. 1998.

Cook, Sherburne F. *México Población-Historia.* Ed. Siglo XXI. México. 1978.

Davis, Marilyn P. *Voces Mexicanas/ Sueños Americanos.* Siglo XXI. México. 1993.

Delhumeau, Barkin/ Kaplan, Esteva (otros). *Las Relaciones México-Estados Unidos.* UNAM. México. 1980.

Diez-Canedo Ruiz, Juan. La migración indocumentada de México a los Estados Unidos. Un Nuevo enfoque. Ed. F.C.E. México. 1984.

Durand, Jorge. (coord.). *Les llueve sobre mojado.* Ed. Academia Jalisciense de D. H. México. 1991.

Durand, Jorge. *Más allá de la línea.* Patrones migratorios entre México a los Estados Unidos. Ed. C.N.C.A. México. 1994.

Durand, Jorge. (Comp.) Migración México-Estados Unidos. Años veinte. CNCA. México. 1991.

Durand, Jorge. *Tres premisas para entender y explicar la migración México-EU.* Relaciones. Estudio de Historia y Sociedad. COLMICH. Zamora. 2000.

Espinosa, Víctor M. El dilema del retorno: Migración Género y Pertenencia en un contexto transnacional. El Colegio de Michoacán/ El Colegio de Jalisco. Zamora. 1998.

Fonseca, Omar/ Moreno, Lilia. Jaripo. *Pueblo de Migrante.* Centro de Estudios de la Revolución Mexicana "Lázaro Cárdenas." A.C., Jiquilpan, Mich. 1984.

Gamboa, Erasmo. Mexican Labor & World War II: Braceros in the Pacific Northwest, 1942-1947. University of Washington Press. Seattle and London. 2000.

González, Luís. *Pueblo en Vilo.* F.C.E. México. 1968.

Herrejón, Carlos (coord.). *Estudios Michoacanos.* Ed. Colegio de Michoacán. Zamora. 1986.

López Castro, Gustavo. *La Casa Dividida.* El Colegio de Michoacán. Zamora. 1986.

López Castro, Gustavo/ Pardo Galván, Sergio. (Coord.) *Migración en el occidente de México.* El Colegio de Michoacán. Zamora. 1988.

Maciel, David / Bueno, Patricia. Aztlán Historia del Pueblo Chicano. (1884-1910). SEP. México. 1975.

Marx, Carlos. Manuscritos económicos – filosóficos de 1844. Ed. Grijalbo. México. 1968.

Massey, Douglas S. (otros). *Los Ausentes.* Ed. C.N.C.A. México. 1991.

Moore, Joan W. Los mexicanos de los Estados Unidos y el Movimiento Chicano. Ed. F.C.E. México. 1970.

Morales, Patricia. Indocumentados mexicanos: Causas y Razones de la Migración Laboral. Ed. Grijalbo. México. 1981.

Navarro Ochoa, Angélica. *El impacto de los Emigrantes retornados en Santiago Tangamandapio,* Michoacán, 1920-1990. U.M.S.N.H. Morelia. 2000.

Nolasco A., Margarita. Aspectos Sociales de la Migración en México. INAH. México. 1979.

Nostrand, Richard. Los Chicanos: geografía histórica regional. SEP. México. 1976.

Ochoa, Álvaro/ Uribe, Alfredo. *Emigrantes del Oeste.* Ed. C.N.C.N. México. 1990.

Paz, Octavio. *El Laberinto de la Soledad.* Ed. F.C.E. México. 1950.

Pierri, Etorre. *Braceros.* Ed. Mexicanos Unidos S.A. México. 1984.

Ramos, Jorge. *La otra cara de América.* Ed. Grijalbo. México. 2000.

Rionda, Ramírez, Luis Miguel. *Y Jalaron Pa'l Norte.* El Colegio de Michoacán. Zamora. 1992.

Uribe Salas, José Alfredo. Michoacán en el Siglo XIX; *Cinco Ensayos de Historia Económica y Social.* UMSNH. Morelia. 1999.

Valdovinos Cisneros, Adela. Entre idas y venidas. La Migración de los Batuequenses a Estados Unidos. (1898-1996). UMSNH. Morelia. 1998.

Villanueva, Tino. *Chicanos.* Ed. F.C.E. México. 1980.

Zendejas, Sergio (coord.). *Estudios Michoacanos.* Colegio de Michoacán. Vol. III. 1989-1992.

HEMEROGRAFÍA

Noticias consultadas según fecha de edición.

México

La Jornada. México, D.F.

31-III-2002. "La riqueza que perdimos."

16-VI-2002. "La tragedia de los inexpertos."

16-VI-2002. "Los que saben enfrentar las olas."

23-VI-2002. "Hacia una geografía del otro México."

28-VII-2002. "Los de allá: Juntos se puede. Aquí: no creemos nada, Migrantes en su tierra."

El Nacional. México, D.F.

3-VI-1996. "Nuevo perfil del migrante mexicano."

La Voz de Michoacán. Morelia, Michoacán.

4-IX-1998. "Un encuentro con la diáspora mexicana."

1-II-1999. "Ya emigran Michoacanos a Canadá, Alaska y hasta Rusia."

2-II-1999. "Semanalmente 280 personas abandonan la región de los reyes."

2-II-1999. "Problemas de salud mental, causa de atención médica en EU. A ilegales."

2-II-1999. "95% de solicitantes de pasaportes van a buscar trabajo en EU."

14-II-1999. "Emigran alrededor de 300 mil mexicanos a EU. Cada año: Conapo."

24-II-1999. "Aumento 2% el índice de Michoacanos que han emigrado a EU."

24-II-1999. "Continuara fenómeno migratorio mientras exista trabajo en EU."

8-III-1999. "Los emigrados que ya no regresan."

31-V-1999. "Emigrantes Michoacanos son la fuerza laboral en California, EU."

30-VI-1999. "El próximo año, el 50% de los mexicanos en EU. Radicaran y trabajaran en el estado de California."

30-VII-1999. "Migración: Expresión de la falta de oportunidades."

25-VII-1999. "Comunidades mexicanas en el extranjero."

27-XI-1999. "Migrantes Michoacanos aportan al año mil doscientos mdp."

27-XI-1999. "La mayoría de los alumnos que regresan de la secundaria emigran a los EU."

30-XII-1999. "Migrantes, el último eslabón con la parcela."

12-I-2000. "Reconoció el gobernador que la migración es un problema en Michoacán."

26-II-2000. "Mas de 3 millones de Michoacanos migrantes radican en los EU."

5-III-2000. "En la meseta puré pecha escasez de empleo provoca emigración de jóvenes."

12-VI-2000. "Formalmente hermanadas las ciudades de Yakima y esta capital."

13-VI-2000. "A diario salen 46 trabajadores emigrantes hacia EU...."

11-VII-2000. "Proyectan crear el Instituto Michoacano de migración."

28-VII-2000. "Piden crear el instituto Michoacano de migrantes."

10-VIII-2000. "Sigue aumento de emigrantes del bajío a EU."

8-VIII-2000. "La perdida de parte del territorio mexicano principal causa de al migración: Uribe Salas."

Boletín. Centro de Estudios de la Revolución Mexicana. "Lázaro Cárdenas." A.C. Jiquilpan, Michoacán.

Junio-1983. "Testimonios de trabajadores Michoacanos en Estados Unidos 1920-1930."

Letras Libres. México, D.F.

Mayo-2000. "La migración a Estados Unidos."

Estados Unidos

El Mundo. Wenatchee, Washington.

28-IX-2000. "El siglo XXI será el siglo de las migraciones en el mundo."

Latino Northwest Magazine. Seattle, Washington.

April-May-2001. "El impacto del censo en la población latina."

April-May-2001. "Empresarios latinos en el noroeste."

June-July-2001. "Luchando por nuestra identidad."

December-january-2001. "Una nueva fuerza laboral para la construcción."

Seattle Times. Seattle, Washington.

10-X-1997. "El Centro: 25 years on the edge."

12-III-1998. "Fighting to be U.S. citizens-again."

20-III-1998. "Business grows with Hispanic community."

29-VIII-1999. "Local soccer league mirrors Latinos growing prominence around the country."

5-IX-1999. "Illegal immigrants: A working solution."

18-VI-2000. "INS has shifted focus, halted field raids."

18-VI-2000. "Facts about the Washington farming industry."

19-VI-2000. "Home is a place in pictures."

19-VI-2000. "Mexican foreman is essential to growers; he speaks Spanish, hires workers, bridges cultures."

20-VI-2000. "Farm towns undergoing metamorphosis."

20-VI-2000. "Farm workers arriving from Mexico don't plan to stay, but they do."

21-VI-2000. "In Pajacuarán, two houses: one lonely, one empty."

21-VI-2000. "Pajacuarán, Mexico: Where U.S. dollars fuel middle-class dreams."

3-III-2001. "Family learns in a new land."

26-III-2001. "Hispanics gain clout as numbers grow."

26-III-2001. "Businessman prospers along with my people."

14-IV-2001. "Illegal immigrants get chance to stay legally."

29-IV-2001. "Riches of sea lure Latinos."

5-VII-2001. "Casa Latina doing its job."

5-VII-2001. "New consul here in all-out reach to fellow Mexicans."

29-III-2001. "Green card deadline looms."

15-I-2002. "Spanish- language radio show debuts."

24-VII-2002. "The second wave. Flood of immigrants in past 2 decades is changing the face of the nation."

La Voz. Seattle, Washington.

July-1995. "Los trabajadores del campo hacen historia."

May-1996. "La calle de los sueños."

April-1999. "Medidas estrictas del INS, táctica de relaciones publicas que favorecen a todos, excepto a los mas vulnerables."

March-1997. "El gobernador de Michoacán visitara Seattle y Yakima."

November-1999. "Programa de Braceros lleva miseria a trabajadores extranjeros y estadounidenses por igual."

Time. New York. N.Y.

11-VI-2001. "A country of 24 million."

Mother Jones. San Francisco, California.

July-2000. "Hispanic diaspora."

El Siete Días. Bellevue, Washington.

9-IV-1997. "Centro de ayuda solidaria, Casa Latina."

Directorio Hispano. Bellevue, Washington.

2002. "Área del Puget Sound. Seattle y sus alrededores."

La Opinión. Los Ángeles, California.

16-XII-2001. "México de dentro y de fuera."

Seattle Weekly. Seattle, Washington.

12-X-2000. "Cornered in Belltown: Latino day laborers fight for their turf."